플라시보
Placebo

지은이 | Howard Pittman
옮긴이 | 강경호
편 집 | 서경호, 김정숙, 방하영
펴낸곳 | 호야출판사
등록번호 | 제16-3706호
초판발행 | 2005년 6월 11일
개정판 | 2005년 9월 8일
주 소 | 서울시 강남구 역삼동 816-6
전화번호 | 02 • 3452 • 5522
팩스번호 | 02 • 3452 • 3279
홈페이지 | www.hoyah.com
인쇄소 | 범아출판사

책값은 뒷 표지에 있습니다.
ISBN 89-957150-0-6

본 저작물의 한국어판 저작권은 호야출판사가 소유하고 있습니다.
저작권법에 의하여 한국 내에서 보호를 받는 저작물이므로 무단 전재와 무단 복제를 금합니다.

파본은 호야 출판사나 구입한 서점에서 교환하여 드립니다.

표지 디자인: 홍지영

플라시보

"Placebo" 유효성분은 없고
심리적 효과만 있는 가짜 **약**

하워드 피트만 지음
강 경호 옮김

추천의 글 - 1

내가 어린 시절 최자실 목사님의 손에 이끌려 기도원을 다니며 강력한 신앙 훈련을 받고 많은 신앙 체험을 했던 것과, 젊은 시절 사랑하는 내 딸을 치료하기 위해 죽음과도 같은 고통의 연단을 받으며 특수 교육학의 길로 들어와서 이 분야의 전문가로 사람들을 돕는 자리에 서기 까지 내가 가장 크게 얻은 보화는 예수 그리스도 그분이다.

우리 각자는 언젠가는 주님의 심판대 앞에 서게 된다. 그 날에는 예수님을 생명의 주님으로 모신 사람과 모시지 못한 사람이 천국과 지옥으로 그 영원한 운명이 갈리게 된다. 그 뿐 아니라 이 땅에서 주 예수를 믿고 살았다고 일컬어지는 사람들 중에서도 입으로만 주여 주여 한 사람과 예수 그리스도를 진정한 주님으로 모시고 살았던 사람들이 극명하게 분리될 것을 성경은 말씀하고 있다. 이 책 "플라시보"는 우리에게 강력한 메시지를 전달한다. 나는 무엇을 위해 살고 있는가? 예수님을 진정한 나의 주님으로 섬기며 살고 있는가. 아니면 예수님을 나의 종교적 생활을 돕는 상징적 장식물이나 내 욕망의 추구를 위한 사다리로 이용하고 있는가? 모든 사람이 이 책의 저자와 같은 특수한 체험을 할 필요는 없지만, 이 저자가 전해주고 있는 강한 도전을 피해갈 사람은 아무도 없다.

유니스 김(Eunice Kim) 박사
미국 California New Hope University 이사장 및 특수 상담교육학 박사
Vision National University 아시아 지역 책임자

추천의 글 - 2

목회자로서 항상 내 마음을 근심케 하는 것이 있다. 그것은 성도들 중에서 주님이 오셨을 때 "하늘에 계신 아버지의 뜻대로 행하는 자"(마 7:21)로 인정받지 못하고, 그 결과 천국에 들어가지 못하고 "바깥 어두운 데 쫓겨나 울며 이를 갊"(마 22:13) 사람들이 의외로 많을 수 있다는 염려이다.

이 책 "플라시보"는 오늘날의 성도들에게 충격을 주고 정신이 번쩍 나게 해주는 책이다. 내가 주님을 진정으로 순종하며 따르기 보다는 나에게 편리한대로 주님을 이용하고 믿음의 삶을 피상적으로 '흉내'만 내 왔던 것이 아닌가 하는 뼈아픈 반성과 회개를 불러일으키는 책이다. 종말의 징조가 어느 때 보다도 뚜렷해지는 이 시대에 참된 주님의 제자가 되고 신부가 되라고 절규하듯 호소하는 책이다.

한국의 그리스도인들이여! 이제 우리는 깨어서 주의 말씀에 절대 순종하며 어린양이 어디로 인도하든지 따라갈 사람들이 됩시다. 환란을 통해 연단 받아 정결함으로 옷을 입은 거룩한 주님의 신부가 됩시다. 신랑 예수께서 오셨을 때 그 혼인잔치에 들어가는 복 있는 사람이 됩시다. 첫째 부활에 참여하고 그리스도와 더불어 왕 노릇 하기에 합당한 사람이 됩시다(계 20:4-6). 새 예루살렘의 진주문을 통과하여 주님과 영원히 연합할 사람들이 됩시다(계 21:21-22).

조 정해 목사

머릿돌 교회 담임목사
세계 복음선교 운동본부 대표
한국 기독교 총연합회 사회분과 위원장
아세아연합신학대학(ACTS) 교수

감사의 말씀 (Dedication)

사랑으로 나에게 또 한번 기회를 주신 창조주 하나님께 이 책을 바친다. 그분은 보잘것없는 나 같은 죄인을 보살펴 주셨다. 이 책이 나오는 데 도움을 준 두 사람, 아내 죠이스(Joyce)와 지금 하나님 아버지와 구주 그리스도 안에서 평안을 누리고 계신 아버지께 감사드린다. 하나님께선 나의 아버지 에프라임 피트만(Ephraim Pittman)같이 훌륭한 분을 이 세상에 보내 주셨다. 아버지는 이 세상에 사는 동안 나에게 한 줄기의 빛을 가져다주신 분이다. 아버지는 나에게 사랑하는 법을 가르쳐 주셨고, 개개인을 진정으로 돌봐 주시는 하나님이 살아 계시다는 것을 가르쳐 주셨다. 이 분들께 삼가 이 책을 바친다.

한 낯선 젊은이도 빼놓을 수 없다. 그는 어느 날 갑자기 나의 집에 와서는 초판 원고를 타이핑해 주겠다고 했다. 그는 보수도 받지 않고 3일간 수고해 주었다. 음식도 먹지 않고 어떤 종류의 보상도 마다했다. 작업을 다 마치자, 우리 집에 올 때와 같이 걸어서 어디론가 사라져 버렸다. 버스 티켓도 받지 않았다. 그의 이름도 모른다. 어디에 사는지도 모른다. 하지만 그의 선한 마음을 안다. 그대 젊은이여, 고마워요. 그대가 누구든지, 어디에 있던지, 나의 특별한 '천사' 이니까요.

하워드 피트만

목   차 (CONTENTS)

저자가 받은 메시지	12
서문: 플라시보(위약)의 영적의미	14
소개	20
1장 ｜ 하나님의 손길 (Outer Limits)	25
2장 ｜ 어린시절 (Early Days)	28
3장 ｜ 위약 시대 (The Placebo Time)	33
4장 ｜ 예언 (The Prophecy)	36
5장 ｜ 준비 (Preparation)	44
6장 ｜ 놀라운 기적 (The Great Miracle)	49
7장 ｜ 긴 여행 (The Grand Tour)	53

8장 ｜ 악령들 (Demons)	61
9장 ｜ 본향으로 가는 길 (The Way Home)	76
10장 ｜ 충격적 각성 (The Rude Awakening)	83
11장 ｜ 나의 참 아버지 (My Real Father)	92
12장 ｜ 깨어나라! (Wake up!)	100
13장 ｜ 믿음 (Faith)	106
14장 ｜ 해석 (Interpretation)	113
15장 ｜ 미완성 (Incomplete)	118
지은이의 덧붙임	124

저자가 받은 메시지 (Information About The Author)

1979년 8월 3일, 하워드 피트만 씨는 갑작스런 동맥 파열과, 출혈에 따른 정맥 파괴로 말미암아 죽음 직전의 혼수상태에 빠져 들었다. 그런 죽음의 상태에서 의사들은 그를 두 번이나 다시 살려냈고 이 와중에 그의 영은 영적 세계로 옮겨졌고, 그곳에서 하나님께서는 그의 생명과 현 교회 상태와 가까운 미래에 일어날 중요한 사건들에 대하여 말씀을 주셨다. 그는 '다섯 가지 계획'을 볼 수 있도록 허락 받았다. 그 주요 내용은 전 세계가 단일 세계 정부의 통치하에 들어갈 것이고, 많은 그리스도인들이 죽음에 처해질 것이며, 마침내 온 세상에 심판이 내릴 것이라는 것 등이다!

하나님께서는 그에게 다시 한번의 삶의 기회를 주어서 전 세계 사람들에게 이 다섯 가지의 메시지를 전하도록 하셨다.

피트만씨의 이 경험과 그가 받은 메시지에 따르면, 오늘날 교회는 큰 곤경에 빠져 있으며, 교회에 다니는 사람들 중 대부분은 사실상 교회 게임을 하고 있다는 것이다! 그들에게는 '빛'이 없으며 '그리스도인'이 된다는 것이 무엇을 의미하는지도 모르고 있다고 말한다.

서문 (Foreword):
플라시보(위약)의 영적 의미

웹스터 사전은 "위약(placebo)"이란 병을 실질적으로 완화시키거나 치료하는 목적보다는, 환자의 심리적인 안정을 가져다주는 약물(치료)로 정의한다. 의사들은 우리가 위약에 의해 치료받는다는 사실을 아는 순간, 그 효능을 잃게 된다고 말한다. 효력을 발하기 위해서는 그것이 진짜 약물로 치유력이 있는 것이라고 생각해야 한다. 환자들이 치료법을 믿는 순간, 이 치료법은 다른 방법으로 치유되지 못한 많은 병을 고칠 수가 있다. 위약은 물질적인 것보다는 환자들의 마음 속에 살아있는 정신적인 것이다. 위약의 효과가 제대로 발휘되기 위해서는 의사가 환자에게 효능에 대한 확신을 갖도록 설득하는 것이 중요하다.

여러분, 나는 이 치료법이 바로 오늘날 말로만의 기독교인들이 애용하는 것임을 단언한다. 이 치료 의사는 사탄이다.

사탄은 환자들에게 입에 발린 종교, 얕은 경험을 제공하고 귀에 그럴듯한 사실을 속삭인다. 사탄에게 유혹 당한 환자들은 이것을 믿으며, 자신이 거듭난 것과 구원받은 것은 사실이고 이 경험만으로 충분하다고 공언한다.

사탄 의사는 환자들이 교회에 다니는 것을 허락할 것이고 성가대, 기도, 주일 학교 교사, 설교 등 일체의 활동을 허용할 것이다. 그는 환자들이 껍데기 기독교에 관계된 거라면 어떤 행위도 허용할 것이다. 물론 단 한 가지를 제외하고는 말이다. 바로 환자들이 입으로 말하는 기독교의 삶을 살아가도록 허용하지 않는다는 것이다.

환자들은 위약 치료법이 효과적이라고 생각하기 때문에 다른 치료법의 필요성을 느끼지 못한다. 실제로 환자들은 이 치료의 효과를 위해서는 그 치료법이 좋다는 사실을 믿어야 한다. 두 가지 사실, 즉 의사를 믿어야 하고 둘째로, 위약의 완치 능력을 믿어야 한다. 이것이 어떻게 이 치료법이 효과가 있는지를 잘 설명해 준다. 환자들이 의사의 능력과 치료법을 믿을수록 치료 효과가 빨리 나타난다는 사실이 입증된 바 있다. 즉, 믿음이 굳건할수록 위약 치료의 효과가 큰 것이다.

사탄 의사는 자신의 존재를 미화시키며 환자들의 신뢰를 얻는다. 때로는 빛의 천사로, 때로는 하나님으로 가장하여 다가오기도 한다. 확실한 것은 자신의 이름으로는 오지 않는다는 것이다. 환자들의 눈에 보이는 그의 능력은 훌륭해 보이지만 항상 거짓이다. 이렇게 환자들의 환심을 산 후, 사탕발림 종교의 엄청난 치료 효과를 이야기함으로써 완벽한 덫을 놓는다. 환자에게 자신의 말만 들어야 하며, 다른 의사에게 가서는 안 된다고 가르친다. 환자는 자신의 이런 삶이 얼마나 허약한지를 보여주고자 하는 다른 의사의 말을 들어서는 안된다.

바로 오늘날 교회에 존재하는 이 위약 치료법은 껍데기 신앙으로, 참 기독교의 모든 요소를 다 가지고 있다. 차이점은 이들 요소가 매우 피상적이며 지식적이라는 점이다. 그 종교는 입과 말만의 종교이며, 가슴과 행동의 종교가 아니다. 현재의 기독교 교단들 안에 있는 참 믿음과 거짓 믿음은 거의 똑같은 요소들을 포함하고 있다. 큰 차이점은, 거짓 믿음은 가르쳐질 뿐이고 참 믿음은 삶으로 나타난다는 것이다.

사탄은 오늘날 현세 교회를 통제하고 있다. 수하에 있는 마귀들의 도움으로 모든 기독 교단들의 대부분을 위약으로 치료하고 있다. 신자들 대부분은 하나님에 대해서 알고 거듭남에 대해서도 안다. 서로 사랑해야 한다는 것도 알고 있다. 그러나 실제로 그렇게 사는 사람은 몇 안 된다. 전세계 기독교인들의 대다수는 이렇게 '말로만 신앙을 고백하는' 신자들이며, 가슴으로 믿는 신앙과는 너무나 거리가 멀다. 따라서 이들의 삶에는 능력이 없다. 그들의 리더들부터 진리가 없기 때문에 그들은 참된 증인으로서의 삶을 살아갈 수 없다. 진리 대신 거짓에 끌려가고 있는 것이다.

성경은 이런 상황을 명백히 언급하고 있다. 세상을 섬기면 하나님을 섬길 수 없다. 이 사실을 잘 알아야 한다. 그리스도의 제자가 되려면, 우리는 세상과 구별되어 거룩하게 살아야 한다. 우리는 믿음에 대해 말만 할 것이 아니라, 믿음대로 살아야 한다. 요한 계시록 3장 14절 ~ 22절까지에는 이렇게 입으로만 열심인 기독교인들에 대한 증언이 나온다. 이것은 일곱 번째 편지요 마지막 편지이다.

"라오디게아 교회의 사자에게 편지하기를, 아멘이시요, 충성되고 참된 증인이시요, 하나님의 창조의 근본이신 분이 가라사대, 내가 네 행위를 아노니, 너는 차지도 아니하고 더웁지도 아니하도다. 네가 차든지 더웁든지 하기를 원하노라. 네가 이같이 미지근하여 더웁지도 차지도 아니하니, 내 입에서 너를 토하여 내치리라. 네가 말하기를 나는 부자라, 부요하여 부족한 것이 없다 하나, 네 곤고한 것과 가련한 것과 가난한 것과 눈 먼것과 벌거벗은 것을 알지 못하도다. 내가 너를 권하노니, 내게서 불로 연단한 금을 사서 부요하게 하고, 흰 옷을 사서 입어 벌거벗은 수치를 보이지 않게 하고, 안약을 사서 눈에 발라 보게 하라. 무릇 내가 사랑하는 자를 책망하여 징계

하노니, 그러므로 너는 열심을 내라, 회개 하라. 볼지어다, 내가 문 밖에 서서 두드리노니, 누구든지 내 음성을 듣고 문을 열면, 내가 그에게로 들어가 그로 더불어 먹고, 그는 나와 더불어 먹으리라. 이기는 그에게는 내가 내 보좌에 함께 앉게 하여주기를, 내가 이기고 아버지 보좌에 함께 앉은 것과 같이 하리라. 귀가 있는 자는, 성령이 교회들에게 하시는 말씀을 들을지어다" (계 3:14-22).

이 편지는 우리가 사는 라오디게아 교회 시대에 주시는 것임을 하나님께서 나에게 밝혀 주셨다. 우리는 지금 교회역사의 끝 무렵에 와 있다.

우리가 이 편지에서 볼 수 있는 것은, '입' 신자들은 참된 기독교의 진리를 알기는 하지만, 실제 자신이 처한 상황은 모르고 있다는 것이다. 그들은 사탄 의사가 가르쳐 준 위약 치료의 효과를 믿기 때문에, 그 이외의 것은 전혀 필요 없다고 생각하는 것이다. 그들은 자신의 믿음대로 살지 않아도 되므로 본질적인 것이 결여되어 있다. 그들의 종교는 이론적이며 지식적인 '머리' 종교이다. 이 종교는 사람의 영혼을 질식시키며, 따라서 부도덕한 행동도 허용하는 것이다. 교회는 다니지만, 사람이라 어쩔 수 없다는 사탄의 거짓말로 자신을 합리화한다. 이 지적인 종교는 주일날 교회에 가서 "나는 예수님을 정말 사랑해요"(Oh, How I love Jesus)라는 찬양을 부르도록 해준다. 그런 후 세상에 나가서는, 가난한 형제의 저당물을 차압해 버리는 짓을 행하는 것이다. 그들은 이것이 사업이라 어쩔 수 없으며, 사업과 종교는 엄연히 다르지 않느냐 라며 변명한다. 이 종교는 어떤 부도덕 행위도 묵인해 주며, 각 교회의 신도들 대부분도 그 변명을 늘 받아 준다. 이것이 오늘날 우리가 처해있는 실제 상황이다.

'가슴' 신앙인은 흔치 않은 예외적 존재이다. 그는 '입' 신자들에게 광신자 또는 별난 사람이라 불리고, 세상 사람들에게 미움과 멸시를 당한다. 사람들은 그 이유도 모른 채 그를 정말로 증오한다. '가슴' 기독교인에게 나는 말한다. 용기를 잃지 말라. 담대하라. 우리 구주 예수님이 먼저 세상에서 박해와 미움을 받다가, 결국엔 죽임을 당하셨다. 그 가운데서도 끝까지 진실했고 첫 승리자가 되셨다. 형제 자매여, 여기 좋은 소식이 있으니 당신도 세상을 이길 수 있다는 사실이다.

소개 (Introduction)

내가 지금 하려고 하는 이야기는 진실이다. 나에게 실제로 일어난 일이기 때문이다. 너무나 놀라운 일이어서 어떤 이는 믿기 어렵다고 한다. 나는 당신을 설득 시키려고 하지 않겠다. 내가 할 일은 당신에게 전해주는 것 뿐이다. 이 메시지가 만약 당신을 위한 것이라면, 성령께서 당신의 영을 감동시켜서 이 이야기가 사실임을 확신시켜 주실 것이다.

이 메시지가 하나님에게서 온 것임을 확증시켜 주는 사실은 다음과 같다. 하나님께서 나에게 이 임무를 주실 때, 믿음으로 나선다면 하나님께서 모든 문을 열어 주신다고 하셨다. 나가서 전하라는 명령은 1980년 5월 7일에 받았고, 믿음에 의지해 나선지 10개월 만에 하나님은 미국의 50개 주와 전 세계 20여 나라에 전할 수 있도록 해주셨다. 그것은 그리 놀라운 일이 아닌 것처럼 느껴질지는 모르나, 재정적인 뒷받침이 전혀 없었다는 사실을 감안해보면 놀라울 수 밖에 없다. 1980년 5월 7일, 주님께서 나에게 가라 하셨을 때 나는 직장을 버렸다. 그리고 하나님께 대한 확실한 믿음과 그 분이 약속을 지켜 주실 거라는 믿음 외에는 아무것도 없었다. 나는 이 메시지를 여러 나라에 전하는 3년간의 여정을 시작하였다. 당신이 나와 이 메시지에 대해 어떻게 생각하든, 10개월 만에 미국 50개 주와 20여 개의 나라에 메시지를 전한 것은 하나님만이 할 수 있는 일이었다. 내 힘으로 할 수 없는 일이다.

기적에 대해 이야기하기 전에, 먼저 내 자신의 과거에 대해 조금 이야기해야겠다. 당신이 이 기적을 조금이라도 더 잘 이해하기 위해선 꼭 필요한 것이기 때문이다. 그 당시 나의 영적, 육체적 상태를 알아야 하나님이 나에게 어떤 기적을 내리셨는지 이해할 수 있을 것이다.

나는 1928년 11월 24일에 8명의 아이들 가운데 일곱번째로 태어났다. 나의 아버지는 교회에서 50년 넘게 집사를 지내신 분이셨고, 나는 12살 때 공적으로 신앙을 고백하고 교회의 일원이 되었다. 22살에 목사가 되고자 하는 뜻을 가지게 되었고 그 준비를 위해 대학에 들어갔다. 2년 간의 고생 끝에 나는 대학을 포기하고, 남부 뉴 올리언스(New Orleans)시로 가서 경찰관이 되었다. 그것이 25여년 간 나의 직업이 되었다. 그러면서 나는 기독교 신앙을 삶으로 실천했다. 그 후 학업을 계속하게 되어 신학대학원에도 다녔다. 한때는 경찰관인 동시에 신학교를 다니면서 교회를 맡아 목회도 하였다.

1장
하나님의 손길 (Outer Limits)

그때는 토요일 밤 9시 30분쯤이었다. 나는 뉴 올리언스(미 남부 루이지애나주의 가장 큰 도시, New Orleans: 역자 주) 시의 외곽 지역을 순찰하고 있었다. 그 날은 무척 더운 8월이었는데, 밤이 되어서야 온도가 조금 내려간 것이 다행스러웠다.

나는 헤드라이트를 끈 채로 길 중간에서 빠른 속도로 나를 향해 달려오는 한 자동차를 보았다. 내가 반사적으로 양쪽 브레이크를 모두 밟으며 갓길 쪽으로 비키는 순간 그 차가 내 옆을 휙 지나갔다. 곧바로 나는 가속페달을 세게 밟으며 오토바이를 돌렸다. 나는 카 레이스가 무색할 만큼 타이어가 타 들어갈 정도로 두 블록을 달렸다.

내 옆을 무서운 속도로 휙 지나갔던 그 차는 힘이 좋은 대형차였다. 나를 상당히 앞서 가던 그 차는 갑자기 방향을 돌려 비포장 도로로 진입했다. 그 차의 운전자는 내가 비포장 도로로 들어서는 순간 먼지 때문에 속도를 줄여야 한다는 것을 예상하고 있었다. 내가 이 길에 진입하는 순간 먼지가 너무 많이 일고 있어서 속도를 상당히 줄여야 했다. 하지만 그가 어디로 도망가든 먼지 연기를 남길 것이기에 오히려 내겐 도움이 될 것 같았다.

곧 나는 막다른 골목에 다다랐고, 내가 추격하던 차는 커다란 나무 뒤에 멈춰 있었다. 그 차에는 아무도 없었고, 근처의 건물들은 모두 불이 꺼져 있었다. 길 건너편에 술집이 보였다. 나는 그 운전자가 술집에 있다고 직감하고, 다른 생각을 할 겨를도 없이 오토바이에서 뛰어 내려 술집 안으로 들어갔다. 그리고 운전자에게 나오라고 소리쳤다. 그러나 이내 내가 함정에 빠져 들었다는 사실을 깨달았다. 그들은 내가 들어올 것이라고 예측하고 있었던 것 같았다. 그곳에 있던 35-40명의 사람들이 갑자기 나에게 덤벼들었고 그들은 내 팔을 붙잡고 무기를 꺼내지도 못하게 하였다. 그곳의 바텐더가 재촉해서 한 남자가 밧줄을 가지러 나갔다. 그들은 나를 어떻게 처리할지 의논하더니 술집 바깥에 있는 커다란 나무에 나를 매달 계획을 세웠다. 그들 중 한 남자가 이런 계획에 반대하려는 순간 나는 이 사람의 얘기가 옳다고 소리쳤다. 나는 오로지 그들이 제정신으로 돌아올 시간을 벌 생각이었지만 제대로 먹혀들지 않았다.

　그러는 동안 바텐더는 계속해서 그들을 재촉하며 선동했다. 마침내 밧줄을 가지러 간 남자가 돌아왔다. 그들이 나를 술집 바깥으로 끌고 나갈 때 아주 좁은 문을 통과해야 했다. 세 사람이 동시에 나갈 수 없는 좁은 문이었다.

　나는 술집에 들어올 때 오토바이의 엔진도 끄지 않은 채로 문 옆에 주차해 놓았었다. 문으로 나갈 때 나를 붙잡고 있던 사람 수가 줄어들어서 나는 오른 손을 쓸 수 있게 되었다. 오토바이 옆을 지나가면서 나는 잽싸게 무전기로 긴급히 구조를 요청했다. 그때 매우 이상한 일이 일어났다. 알 수 없는 어떤 힘이 그들의 마음을 공포로 채웠고, 그들은 모두 뿔뿔이 흩어져 도망을 갔다. 나는 오토바이에 뛰어올라 즉시 그곳을 떠났다. 그 순간 무전기로 이런 응답이 왔다. "장소를 바꿔주십시오. 신호를 받을 수 없습니다."

　이것은 경찰관 생활 중에 겪은 수많은 사건들 중의 하나일 뿐이다. 이렇듯 치명적인 위험에 처한 경우가 여러 번 있었다. 그 때마다 보이지 않는 손에 의해 구조되었다. 그럴 때마다 나는 안도의 한숨을 내쉬면서 내가 얼마나 "운이 좋았는지"를 말하곤 했다. 오랜 경찰관 생활을 돌이켜 보면 내가 이 메시지를 당신에게 전할 수 있도록 내 인생의 모든 상황을 이끌어 오신 하나님의 손길이 너무도 확실하게 보인다.

2장
어린시절 (Early Days)

나는 경제 공황기에 미시시피 주 가난한 지역의 작은 농장에서 태어났다. 목수인 아버지는 '바깥' 일을 하셨다. 형제들 중 나이가 조금 든 형들이 농장 일을 해서 우리가 먹을 양식을 대부분 마련했다. 어머니는 집안 일을 하시며 식사를 하루 세 번 준비해주셨고, 빨래는 모두 오래된 빨래판 위에서 직접 손으로 하셨다. 어머니는 다림질을 할 수 있도록 먼저 장작불에 다리미를 데우셨다. 어머니는 가난하다고 해서 지저분하게 하고 다니면 안된다고 늘 말씀하셨다. 그래서 우리 집 형제들은 언제나 깨끗하고 단정한 차림이었다.

나는 기독교 집안에서 자라났기 때문에 다른 아이들보다 더 축복을 받았다고 할 수 있다. 아버지는 근처 교회의 집사로서, 그 자리를 50년이나 지키셨다. 나는 아버지께서 욕을 입에 담는 것을 들어본 적이 없다. 아버지가 욕을 아예 하지 않으셨다는 것이 아니라, 단지 욕을 하셨다 하더라도 내가 들은 적이 없다는 것이다. 나는 아버지가 어머니에게 언성을 높이는 것 또한 본 적이 없지만, 어머니가 아버지에게 언성을 높이는 것은 자주 보아왔다. 아버지는 늘 집안에는 평화가 있어야 한다고 말씀하셨다.

나의 부모님은 자녀들을 그저 교회에 보내기만 하시는 것이 아니라, 항상 아이들과 함께 교회로 가시는 부모님이었다. 그리고 나는 어릴 때부터 아버지와 특별한 사이였다. 아버지는 가장 친한 친구이기도 했다. 내게 문제가 있어 상담할 친구가 필요할 때, 언제든 기꺼이 응해 주셨고, 그는 항상 나를 이해해주셨다. 내게 필요한 것이 있을 때, 아버지는 언제나 가까운 곳에 있어 그것을 해결해 주셨다. 내가 무엇을 부탁하든 언제나 최선을 다해 들어주려 하셨다.

어린 시절, 한 주일의 가장 큰 기쁨은 주일에 교회를 가는 일이었다. 교회에서 우리는 한 주 동안 만나지 못했던 사람들과 대화를 할 수 있었다. 나는 예배보다도 다른 아이들과 놀 수 있는 기회를 기다렸던 것이다. 예배가 시작되면 우리는 예배실로 들어가 목사님의 설교 동안 가만히 앉아 있어야 했다. 그는 대부분 설교보다는 고함을 지르는 쪽이었다. 당신은 그런 교회 의자에 두 시간 이상 앉아 있어 본 적이 있는

가? 그렇다면 당신은 내가 무슨 얘기를 하고 있는지, 그때 어떤 기분이었는지 알고 있을 것이다. 연세가 지긋하셨던 목사님은 한번 말씀을 시작하면 끝이 없었다. 적어도 한 가지를 나는 확신했다. 목사님은 시계를 볼 줄 모르시는 분이다! 목사님은 자신의 낡은 시계를 꺼내어 강단 위에 내려놓곤 하셨다. 그렇게 하고 나면 우리는 그 시계를 다시는 볼 수 없었다.

지금 돌이켜 생각해보면, 그 목사님 안에 위대하고 부드러운 사랑이 있었다. 그에게는 단지 어느 누구도 지옥을 가지 않았으면 하는 마음뿐이었다. 그는 한 사람 한 사람에게 간청하셨지만, 그 말씀을 들으려고도 하지 않는 사람들이 많았다. 나는 목사님과 주일학교 선생님의 말은 모두 믿었다. 그분들이 예수님 이야기를 해 주셨을 때 그 말씀을 믿었다. 아브라함, 모세, 다윗 그리고 성경에 나오는 다른 인물들에 대해 이야기해 주었을 때도 믿었다. 나는 그들이 모두 실존 인물들이었다는 것을 믿었고, 그 가르침의 진실성에 대해서는 조금도 의심하지 않았다. 평일 날 학교선생님은 링컨, 워싱턴 등 미국을 미개지에서 현 상태로 발전할 수 있게 해준 미국의 영웅들과 건국의 아버지들에 대해 말해 주셨다. 선생님은 어떻게 그들이 지상 최고의 나라 미국을 만들었는지 말씀하셨다. 나는 조금도 의심 없이 믿었고, 그들의 존재 사실을 믿었다. 하지만 어린 나에게 그들은 오랜 옛날 사람들에 불과했다. 죽은 지 오래된 사람들과 내 자신이 어떤 관계가 있는가를 이해하지 못했다. 나는 그들의 삶과 나 자신의 삶의 연관성을 이해하지 못했고 그것이 내 삶에 갖는 가치를 이해할 수도 없었던 것이다.

어느 주일, 순회 목사님께서 우리 교회를 방문하여 지옥에 대한 설교를 하셨다. 이 목사님은 지옥의 불에 대해 너무도 생생하게 설교하셨다. 지옥 불의 뜨거움이 실제로 느껴질 정도였다. 살이 타는 냄새를 맡는 듯했다. 나는 갑자기 목사님이 하신 말씀이 나와 관계가 있다는 것을 깨달았다. 그는 형벌에 대해, 영원토록 불에 타는 것에 대해, 그리고 영원히 용서받지 못하는 것에 대해 말씀하셨다. 나는 지옥이 나와 관계 있다는 것을 알게 되었고, 따라서 지옥의 존재가 사실이라는 것을 깨달았다. 나는 목사님의 계속되는 지옥설교 한마디 한마디에 집중하게 되었고, 지옥이 무엇이든, 어디에 있든 간에 한 가지 확신이 일어났다. 거기에는 절대 가서는 안 되겠다! 그 날부터 지옥에 던져질 일에는 절대 연루되지 않아야겠다고 다짐했다. 목사님이 그 생생한 설교를 하셨을 때 어린 소년이었던 나는 그 말씀 한 마디 한 마디에 온 주의를 집중했던 것이다. 바로 그 날, 나는 교회의 일원(주 예수 그리스도를 믿는 자의 무리: 역자 주)이 되기로 결심했고, 지옥의 영원한 불을 피하기 위해선 어떤 일이라도 하기로 다짐하였다.

3장
위약시대 (The Placebo Time)

한국 전쟁에서 돌아온 당시 22세 때, 나는 주님께서 나를 목사로 부르셨다고 생각하게 되었다. 목사가 되고자 대학에 입학하였고, 2년의 고생 끝에 이것이 내가 할 수 있는 최고의 희생이라고 생각하고 학교를 떠났다. 뉴 올리언스에 가서 나는 25년의 경찰생활을 시작했다. 그 동안 경찰직의 모든 분야에서 일해 볼 수 있었다.

순찰 경관으로부터 시작하여, 사복 수사관, 경찰견 조련사, 경찰 아카데미 강사, 경위, 경감 및 경찰 고위직을 두루 역임했다. 루이지애나 주 경찰청에서 5개월 풀타임 파견 근무와, 볼티모어 시에 있는 메릴랜드 주 경찰청에서 3개월 풀타임 파견근무를 하기도 하였다. 일을 하면서도 시간을 내어 공부를 계속했다. 범죄학도 공부했지만 주요 관심사는 역시 신학 쪽이었다. 나는 신학교를 다닐 수 있었고 신학교 재학 중에 교회에서 1년 간 목회를 하기도 했다.

경관으로 일하면서 나는 기독교 신앙을 실천하기 위해 노력했다. 어떤 때는 일이 끝난 후 길가에서 전도지를 나누어 주기도 하였다. 감옥에 있는 자들에게 설교를 하였고, 병원 환자들을 방문하였고, 근처의 작은 마을들을 순회하면서 마을 중심부의 광장에서 설교도 하였다. 이러한 일들을 하면서 내가 가진 물질을 불우한 이웃들에게 나누어 주곤 하였다.

경찰관으로 일하면서 나는 법이 허용하는 범위 내에서 '황금률'(내가 대접받고 싶은 대로 남을 대접하라는 성경의 가르침 : 역자 주)을 따랐다. 유니폼을 입은 오토바이 경찰관으로서 교통 단속을 하면서도 나는 황금률을 지키려 노력하였다. 오토바이에서 내려 교통법규를 위반한 사람에게 다가가기 전에 먼저, 입장이 바뀌어 내가 저 사람이라면 어떤 대우를 받기를 원할까 하고 자문해보았다. 그리고 한 사람 한 사람을 내가 대우 받기를 원하듯 대우하려 노력하였다.

나는 이웃을 사랑하기 위해 노력했다. 성경에서 기독교인이면 지켜야 한다고 나온 것은 모두 지키려 하였다… 그러던 어느 날 내가 죽었다! 나는 하나님 앞에 서게 되었는데 하나님께서는 내 인생을 가증하다고 책망하셨다. 내가 지금 당신에게 말하려는 것은 왜 그러한 봉사의 인생을 하나님이 가증

한 것이라고 부르셨는가에 관해서이다.

  1973년도에 나는 많은 시간 동안 성경에서 적그리스도(the anti-Christ)에 대한 단서를 찾는 데 몰두하였다. 세계의 상황 때문에 나는 적그리스도가 곧 나타나리라 확신했다. 1973년 말과 1974년 초의 일주일에 걸친 5번의 꿈으로 나에게 메시지가 왔다. 꿈은 모두 달랐지만 연결된 주제가 있었다. 첫 번째 꿈은 1973년 12월 30일 밤에, 두 번째 꿈은 1974년 1월 1일에, 세 번째 꿈은 1974년 1월 3일에, 네 번째와 다섯 번째 꿈은 1974년 1월 5일에 꾸었다. 나는 그 꿈들의 의미를 알 수 없었지만, 하나님이 나에게 말씀하고 계시다는 것을 알 수 있었다. 나는 적그리스도에 대한 연구를 너무 깊이 하고 있었기 때문에, 이 꿈들이 그에 대한 메시지인 줄 생각했다. 나중에서야 나는 그 꿈들이 7년 후에 내게 일어날 기적과 관계가 있다는 것을 알게 되었다.

4장
예언 (The Prophecy)

1973년 12월 30일 밤 나는 적그리스도에 대한 연구를 한 후, 밤 11시 30분쯤 잠자리에 들었다. 이날 밤에 첫 꿈을 꾸었다. 꿈속에서 나는 흔들의자에 앉은 채 얼굴에 시원한 바람을 쐬고 있었다. 너무도 편안해서 곧 잠에 빠져들었고, 인생의 어떤 고민이나 어려움도 나와는 관계없다고 느꼈다. 옆의 침대에는 어머니가 죽어가고 계셨다. 나는 어머니의 상태에 대해서는 전혀 관심이 없었다. 어머니에 대해 아무런 걱정을 하지 않고 있었던 것이다. 그때 갑자기 왼쪽 손가락 끝에 예리한 통증을 느꼈다. 앉아있던 의자에서 내려다보니 거대한 그레이트 데인(Great Dane)종의 개가 내 손가락을 물어뜯고 있었다. 개는 매우 사나워 보였지만 나는 두렵지 않았다. 나는 조용히 일어나서 개를 문 쪽으로 유인했고, 개가 밖으로 나가자 문을 쾅 닫아 버렸다. 나는 그 개가 집 주위를 돌아서 뒷문으로 향하는 소리를 듣고 얼른 뛰어갔다. 개가 막 문에 다다랐을 때 나도 거기에 이르렀다. 개가 문으로 뛰어들어오려고 할 때 나는 문을 쾅 닫고 내 어깨로 막았다. 이때 나는 꿈에서 깨어났다. 이것이 첫 번째 꿈이다.

이틀이 지난 후 두 번째 꿈을 꾸었다. 나는 생소한 3층집의 문 앞에 서 있었다. 집은 오래됐지만, 처음 보는 집이었다. 집 안에서 개의 무시무시한 울음소리가 들려왔다. 문을 열고 들어가 보니 집 안은 사람도 가구도 없이 텅 비어 있었다. 하지만 여전히 개 짖는 소리가 들려왔다. 돌아보아도 아무 것도 없어서 나는 2층으로 올라갔다. 거기도 비어 있었다. 개는 계속 짖어댔다. 그 울음소리는 비통하기도 하고 위협적이기도 하였다. 계단 위에 벽장이 있어서 나는 그 문을 열어보았다. 벽장 속에는 털 색깔 빼고는 쌍둥이 같아 보이는 개 두 마리가 있었다. 한 마리는 하얀 털을 가졌고, 다른 한 마리는 까만 털을 가졌었다. 그들은 작은 개로 테리어종의 개와 비슷해 보였다. 검은 개는 죽은 듯 옆으로 누워있었고, 하얀 개는 검은 개 위에 앉아 있었다. 하얀 개가 짖고 있었고, 나를 보는 눈에는 사악함이 가득했다. 나는 대단히 사악한 개임을 즉각 알 수 있었다. 그는 나에게 최면술을 걸려 하였고 나는 설명할 수 없는 초자연적인 통찰력으로 이 개가 나를 죽이기로 마음먹었다는 것, 그러나 나를 이길 힘이 없다는 것을 알 수 있었다. 나는 초자연적인 보호를 받고 있다는 것을 깨달았기 때문에 두려움을 느끼지 않았다. 갑자기 개는 벽장 밖으로 나와 사람들을 만나러 길거리로 나갔다. 개가 너무 깜찍하고 귀여워서 사람들은 모두 발길을 멈추고 그를 쓰다듬었다. 그때 그 개는 최면술을 걸어 그들을 커다란 용광로 위로 둥둥 떠오르게 하고는 태워 버렸다. 개는 금방 사라져버렸다. 나는 집안을 더 살펴보려 했으나 그때 문 두드리는 소리가 들렸다. 내가 문을 열자 나의 절친한 친구가 서있었다. 나는 놀랐지만 곧바로 "들어와, 래리" 하고 안으로 초청했다. 그가 걸어 들어오자 나는 갑자기 그가 내 친구가 아니라 사악한 눈을 가진 하얀 개가 내 친구로 가장한 것이라는 사실을 깨달았다. 그는 나를 죽이려고 이러한 짓을 하고 있었지만 나는 두렵지 않았다. 그가 나에게 최면을 걸려 할 때 내가 오히려 그에게 최면을 걸었고 그는 용광로 위로 떠올랐다. 그의 변장은 타버렸고 흰 개만이 남아서 나를 비웃고 있었다. 이것이 두 번째 꿈이다.

하루를 건너뛰고 세 번째 꿈을 꾸었는데, 여기서 나는 낯선 미지의 길을 걷고 있었다. 눈 덮인 산맥과 키 큰 나무들이 내 주위에 늘어서 있었고, 나는 개밥이 든 자루를 어깨에 메고 있었다. 나는 그 전에 한번도 본 적이 없는 새로 지어진 목장풍의 집에 다다랐다. 그 집에 가까이 가 보니 거대한 창문으로 집안을 들여다 볼 수 있었다. 많은 사람들이 식탁에 앉아 식사를 하고 있었는데, 그 중 몇몇은 어린 아이였지만 대부분은 성인 남자였다. 나는 거기 있는 사람들이 다 내 가족이라는 것을 깨달았지만, 대부분 누구인지 알 수가 없었다. 문을 열어 나를 안으로 초청한 사람은 나의 처제였다. 나는 뒤뜰로 가 개에게 밥을 주어야 한다는 핑계로 거절하였다. 뒤뜰로 걸어가서 나는 개밥이 든 자루를 선반 위에 놓고 개에게 줄 밥을 준비하기 시작했다. 그 순간 커다란 저먼 셰퍼드(German Shepherd) 개가 나를 공격하려 하였다. 그 개는 나에게 돌진해 온 후 내 주위를 빙글빙글 돌면서 나를 연신 물어뜯으려 하였으나 물지 못하였다. 나는 내 주위에 보이지 않는 보호막을 느끼면서 공포를 느끼지 않았다. 나는 계속해서 개밥을 준비하였고 그 개는 계속 나를 공격하려 하였다. 갑자기 하늘에서 확성기를 통해서 나오는 커다란 소리로 나의 아버지가 정치적인 쿠데타로 인하여 살해 당하셨다는 소식이 발표되었다. 메시지 전체의 의미가 다 명확하게 이해되지는 않았다. 이것이 세 번째 꿈의 끝이다.

이때쯤 되자, 나는 꿈들이 초자연적인 방법으로 내게 전해지는 특별 메시지임을 확신했다. 나는 이 꿈들의 의미도 몰랐고, 내게 이 메시지가 주어지는 이유도 알 수 없었다. 세 번째 꿈을 꾸고 이틀 뒤에 네 번째와 다섯 번째 꿈을 꾸었는데, 이

때는 첫 꿈을 꾼 후 일곱 째 밤이었다. 네 번째 꿈에서 나는 자갈이 깔린 길을 걷고 있었는데, 주변에 깔끔하고 작은 흰 집들이 양쪽으로 늘어서 있었다. 사람들이 양방향으로 걸어가고 있었고, 어떤 이들은 모여서 웃으며 담소하고 있었다. 그들의 발음 때문에 영국 사람임을 알 수 있었고, 지형과 건축 양식으로 보아 그곳이 미국이 아님을 알았다. 그래서 나는 그 곳이 영국이라고 단정지었다. 나는 나의 집이라고 확신이 드는 집 앞에 다다랐고, 내 가족을 볼 수 있었다. 집 안에 들어갔다. 집 안에 있는 사람들은 전에 한번도 본 적이 없는 사람들이지만 나의 가족인 것을 알수 있었다. 그들은 영국식 발음으로 내게 인사를 하고 대화를 계속하였다. 나는 뒤뜰로 걸어 나갔고 나의 커다란 콜리(Collie)종의 개를 만날 수 있었다. 나는 그 개와 놀기 시작하였고, 가족들도 밖으로 나와 구경하였다. 그때 아버지가 울타리의 뒷문으로 들어오셨고, 개는 느닷없이 그를 공격하였다. 나는 아버지를 도우려 개를 떼 내려고 하였으나, 나머지 가족들은 오히려 웃고 박수 치면서 개를 응원하는 듯하였다. 나는 그때 깨어났고, 이것이 네 번째 꿈이다!

하나님이 나에게 이 꿈들을 통해 이야기하고 계시다는 충격과 깨달음 때문에 도무지 잠을 이룰 수가 없었다. 처음엔 외경심이 일었고, 그 다음엔 걱정이 생겨났다. 왜? 라는 질문이 자꾸 솟구쳐서 한 시간이 넘도록 꿈에 대해 계속 생각을 하다가 다시 잠에 빠져 들었다. 다섯 번째 꿈은 그 때 찾아왔다.

  이 꿈에서 나는 옛날에 살았던 마을길을 걷고 있었다. 새로 당선된 시장이 내게 시 행정공무원으로 채용해준다고 하였기 때문에 시청 쪽으로 가고 있었다. 나는 그 지위가 어떤 것인지, 직함이 무엇인지 전혀 알 수 없었다. 시청에 도착하여 로비로 걸어 들어갔다. 여러 사람들이 무리 지어 이야기하고 있었다. 나는 이런 무리 중 하나에 끼어서 새로운 시장에 대해 의견을 나누고 있었는데 그가 방 안으로 들어왔다. 그의 성은 화이트(White)였고, 의사였다. 닥터 화이트(Doctor White)는 곧바로 나의 새로운 지위와 직함이 어떤 것인지 설명하기 시작하였다. 나는 그가 무슨 말을 하는지 이해할 수 없었고 그 때문에 그는 짜증을 내는 것 같았다.

  이 때, 경찰관 두 명이 로비로 들어왔다. 둘 다 흑인이었고, 가죽 끈에 묶인 개 한 마리를 각각 데리고 왔다. 시장은 로비에 있는 모든 사람들에게, 이 두 경찰관이 시에서 구입한 경찰견 두 마리를 데리고 들어왔으며, 시는 이 개들을 매우 자랑스럽게 여긴다고 알려주었다. 그 순간 교도소 죄수 몇 명이 탈옥하여 우리의 곁을 스치며 도망갔다. 경찰관들은 개를 풀어주면서 죄수를 잡아오라는 명령을 내렸다. 개들은 앞으로 달려 갔지만 도망치는 죄수들 옆을 그냥 지나쳐 버렸다. 대신이 개들은 무고한 구경꾼들을 공격하였다. 나는 개들의 뒤를

쫓으며, 공격을 그만 두라고 소리 질렀다. 개들은 바로 내 명령을 듣고 꼬리를 다리 사이에 내렸다. 개들은 나에 대한 두려운 표정을 지으며 다가왔다. 닥터 화이트는 나에게로 와서, "개를 재훈련 시키는 데 당신이 필요하다"고 말하였다.

나는 "재훈련이 필요한 것은 당신의 개들이 아니라 당신 부하들이다" 라고 하였다. 시장은 그때 다시 시 행정부 내의 내 지위를 설명하기 시작했다. 여전히 그의 말을 알아듣지 못하자, 닥터 화이트는 바깥에 있는 자기 차에 가서 이야기하자고 제안했다.

건물 밖에서 우리는 한번도 보지 못한 시장의 자동차로 걸어갔다. 아이러니컬하게도 그 차는 파란색과 흰색의 1953년형 시보레였다. 그는 자기 차를 아주 자랑스러워 했다. 시장은 나더러 앞자리에 앉으라고 권하였고 자기는 뒷자리에 앉았다. 앞자리에 타자, 어떤 사람이 운전대 앞에 앉아 있음을 깨달았다. 그의 얼굴은 빈 종이처럼 텅 비어 있었지만, 나는 그가 얼굴이 없다는 사실에 대해서 조금도 놀라지 않았다. 나는 오른 팔을 자동차 의자 뒤에 감으면서 뒷자리에 탄 시장을 바라보았다. 나는 그에게 내 지위가 무엇이고 어떤 직함을 갖게 되는지 다시 자세히 설명해 달라고 부탁하였다. 그가 설명 하기 시작하자 갑자기 차는 뒤로 미끄러지면서 나무를 들이받았다. 이 시점에서 나는 꿈에서 깨어났다.

나는 그때 하나님이 나에게 말씀하고 계시다는 것과, 나에게 중요한 메시지를 주고 계시다는 것을 알 수 있었다. 하지만 나는 그 메시지를 이해할 수가 없었다. 하나님께서 이런 식으로 말씀하실 때는 굉장히 중요한 내용이라는 것을 알았지만, 그것이 무엇인지 도저히 이해할 수가 없었다. 이런 경험은 그저 지나치기에는 너무 중요한 것이다. 하나님께서 내게 이런 경험을 주셨으면, 그것을 이해할 수 있도록 배려를 해주실 것이라고 생각하였다. 나는 이 일을 며칠동안 되새겨 보면서 꿈을 모두 테이프에 녹음하기로 마음먹었다. 기억력에 의지하기엔 너무도 중요한 꿈이라고 생각했기 때문이다. 그 후 7년 동안 나는 이 테이프를 여러 사람 앞에서 재생시켰고, 다시 꿈을 상술하기도 하였다. 혹시 그들 중에 내 꿈의 해석을 하나님께 받은 사람이 있을까 하는 희망에서였다. 하지만 그런 일은 없었다. 그 해석은 기적이 일어난 후에야 내게로 왔고, 그때도 일부분의 해석일 뿐이었다. 이 꿈의 얼마는 아직도 의문으로 남아있다. 내가 받은 해석은 이 책의 뒷부분에 나와 있다.

5장
준비 (Preparation)

1978년에 나는 뉴 올리언스 경찰청에서 퇴직하였고, 미시시피에 있는 61 에이커의 농장으로 이사를 갔다. 이 농장에서 아내와 나는 버림받거나 학대당하는 불우한 아이들을 받아들여 새로운 사역을 시작하였다. 우리는 3년 동안에 32명의 아이들에게 우리 집을 개방했다. 대부분의 사람들은 적은 수의 가족을 부양하는 것을 축복으로 여기지만, 우리에게는 32명이나 되는 아이들을 3년 동안 데리고 있었던 것이 엄청난 축복이었다.

퇴직 후 이 사역을 하면서 나는 여전히 경찰 일에 관여하고 있었다. 사람과 개를 훈련 시켜, 근해에 있는 석유 회사에서 마약 예방과 탐지에 쓸 수 있도록 하는 것이었다. 이 프로그램을 석유 산업계에 알리고 판매하는 것도 나의 일이었기 때문에 여행하는데 시간을 많이 쏟기도 하였다.

   1979년 초에 나는 여전히 내 삶에 만족을 느낄 수 없었다. 공허감을 느끼면서, 나는 아직도 뭔가 부족하다는 것을 깨달았다. 매일 일로 가득 차 있었으나 나는 아직도 무엇인가에 목말라 있었고, 그것이 무엇인지 알 수 없었다. 그때까지 나는 아이들을 위하여 집을 개방 시켰을 때 내 영혼의 목마름이 채워질 것이라고 생각했으나, 그렇지 못했다. 이 시기에 나의 친구들이 정계에 들어가도록 나를 설득하였다. 그들은 25년 동안이나 경찰에서 일을 한 내가 보안관으로는 제격이라고 생각했던 것이다. 나는 봄과 여름 내내 선거 운동에 온 힘을 썼다. 1979년 8월 7일의 선거 며칠 전, 심각한 병이 갑자기 나를 찾아왔다. 비극의 전 날 밤에 나는 다른 날과 다름없이 잠자리에 들면서 다음 날을 구상하였다.

아침에 눈을 뜨자 나는 약간 속이 좋지 않아서 아침 식사를 걸렀다. 아내는 식사하지 않을 거냐고 물었고, 나는 보안관 선거 운동에 기부할 가능성이 있는 사람들과의 모임 약속에 가야 한다고 대답하였다. 내가 그 때 알지 못한 것은, 그 날 하나님과의 약속도 있었다는 것이다. 당신은 이 사실을 알아야 한다. 성경은 사람에게 한번 죽는 것은 정한 것이라고 한다. 그 약속시간은 경고 없이 온다. 하나님과의 약속시간이 나에게 찾아 온 것이다. 날벼락처럼 가슴부위의 주요 동맥이 파열되어 치명적인 출혈이 일어났다.

나는 병원에 입원하였고 곧바로 엄청난 출혈 부위를 찾아내기 위한 검사를 받았다. 지역 병원은 매우 작았고 나의 문제에 대처할 수 있을 정도의 첨단 의료 설비가 준비되어 있지 않았다. 1979년 8월 3일 늦은 오후에 의사는 내 병실로 들어와서 근심어린 얼굴로, "피트만씨, 당신은 위독한 상태예요. 그러나, 우리는 지금 당신을 치료하기 위한 실력, 인력, 그리고 장비가 부족합니다. 그래서 지금 당장 좀더 나은 지방 의료 센터로 옮겨야 하겠습니다."라고 말을 하였다.

의료 센터는 약 45마일이나 떨어져 있었다. 나는 너무 힘이 없어서 그곳까지 여행을 할 수가 없다고 하소연 하였다. 나는 쉬고 싶었기에, 의사에게 하룻밤만 지낸 후에 가자고 부탁하였다. 기운을 차리면 내일은 갈 수 있을 것이라고 했더니, 의사선생님은 "그러다가는 당신은 내일 이 세상에 있지 않을 것입니다." 라고 하였다. 그들은 앰뷸런스를 준비하고 나를 돌봐 줄 의료인 한 명을 정하고, 아내도 같이 따라올 수 있도록 해주었다. 그런데 의료 센터로 가는 중간쯤에서 내 몸의 모든 생명 징후가 갑자기 멈추어 버린게 아닌가! 혈관이 터져서 생명을 유지시켜주던 수혈이나 혈관주사를 받지 못하게 되었다. 함께 따라가던 의료인은 내가 죽었다고 판단하고, 무전기로 의료 센터에 이 사실을 보고 하였다. 그는 병원측에 의사를 고속도로 출구 쪽으로 보내달라고 부탁하였다. 의사가 나를 소생시킬 수 있을지도 모른다는 생각 때문이었다.

  우리가 도착했을 때 기다리고 있던 의사는 당장 나를 응급실로 데려갔고, 24시간이나 지속된 사투가 시작되었다. 6명의 의사가 팀을 이루어, 내 몸에 남아있는 생명의 불꽃을 보존하기 위해 처절하게 싸웠다. 24 시간 중의 7 시간은 응급실에서, 7시간은 수술실에서, 그리고 나머지는 회복실에서 보냈다. 7일을 중환자실에서 지냈다. 응급실에서의 7시간 동안의 치료로 나의 생명 징후는 서서히 회복되었다. 그러나, 응급실에서 세 시간 동안 치료를 한 후, 의사는 가족들에게 최악의 경우에 대비하라고 일러두었다. 그 후에 외과 과장이 나와서 아내에게 지금까지 혈액 손실이 너무 컸고, 여전히 출혈을 막을 방법이 없다고 알려 주었다. 덧붙여서 동맥의 파열 장소를 찾지 못하였지만 가능한 모든 방법을 다 동원하고 있다고 말하였다. 그는 상황이 정말 심각하기에 희망을 가지라고 말해줄 근거가 별로 없다고 덧붙였다.

  그날 밤 자정쯤에 의사는 아내에게 드디어 동맥이 터진 부위를 찾았다고 말하고 그것을 고치기 위해선 수술을 할 수 밖에 없다고 말하였다. 하지만 지금 수술을 하기엔 나이가 많고, 출혈도 너무 많았기 때문에, 체력적으로 수술을 견뎌낼 수 없을 것이라고 말하였다. 이러한 이유 때문에 그들은 나를 중

환자실에 맡긴 후 특별한 영양소로 체력을 키우기로 결정했다. 그들은 내가 월요일까지 버텨주기만하면 수술할 수 있을 것이라고 생각했다. 그래서 자정에 중환자실로 옮겨 왔지만 새벽 6시에 나의 생명 징후는 또 멈추어 버렸다. 외과 과장은 중환자실에서 나와서 아내에게 "다른 문제가 발생했습니다"라고 말한뒤에 수술실로 나를 데리고 들어가 7시간 동안 제 2차 수술을 시도하였다.

6장
놀라운 기적 (The Great Miracle)

의사들이 나를 살리려 노력하는 동안에 나는 정신이 돌아와 내가 죽어가고 있다는 것을 깨달았다. 나는 생명력이 나의 몸을 빠져나가고 있고, 오로지 살려는 의지 때문에 현재 숨 쉬고 있다는 것을 알았다. 숨을 쉴 때마다 오는 고통은 너무도 커서, 인간의 육체란 이런 고통을 오래 버틸 수 없다는 생각이 들었다. 숨 한번 들이 쉴 때마다 나는 힘이 빠졌고, 그 숨을 들이 쉬면 그만큼의 힘을 또 들여서 숨을 내쉬어야 했다. 그 어떤 것도 저절로 되지는 않았다. 나는 이제 죽기로 정해진 나의 약속 시간이 왔음을 직감했다. 깜깜한 어둠 가운데 성경 한 구절이 눈앞에 펼쳐졌다. 그 구절은 히브리서 9장 27절이었다: "한 번 죽는 것은 사람에게 정하신 것이요, 그 후에는 심판이 있으리니." 바로 이것이구나.

하나님만이 나의 생명을 돌려주실 수 있고, 하나님만이 정해진 죽음의 시간을 바꿔주실 수 있다는 것을 알고 나는 특이한 기도를 드렸다. 그 기도는 하나님의 보좌 앞에 서서 나의 생명을 연장해 달라는 청원기도였다. 다른 장소, 다른 시간에는 이런 기도가 이상하였겠지만, 이 모든 것은 하나님이 자신의 궁극적 목적을 위해 계획하신 일이었다. 그런 기도를 할 마음을 불어 넣으신 분이 바로 성령님이었던 것이다.

내가 기도를 마쳤을 때쯤, 나는 어떤 음성을 들었다. 그 음성! 인간의 말로는 설명할 수 없는 놀라운 소리였다. 목소리는 마치 최면을 거는 듯 완벽할 만치 매혹적이었다. 음색이 너무도 곱고 아름다워서 그 음색만으로도 그 음성의 주인이 하나님이라는 것을 암시하는 듯 했다. 나는 "하나님이다!" 하고 생각을 했다. 주님은 내 기도를 들으신 것이다! 나의 기도에 응답하시는 것이다!

그 음성은 계속해서 나에게 말했다. "멈추어라. 숨을 쉬지 말라. 그만 두어라. 그러면 모든 게 끝날 것이다. 드디어 휴식과 평화가 찾아올 것이다." 내가 이 말을 듣기만 한다면, 내가 원하는 것 모두를 가질 수 있다고 계속적으로 암시를 주었다. 이 순간 나는 순종하기 시작하여 숨을 쉬려는 노력을 덜하였다. 내가 그토록 초자연적인 목소리를 실제 귀로 들은 것은 생전 처음이었으니 완전히 매료된 것도 무리는 아니었다. 그

것은 너무도 아름다운 목소리였다. 인간의 언어로는 표현할 수 없을 정도로 아름다웠다. 그 음색마저도 이것은 하나님의 목소리다라고 말하는 듯하였다. 당신은 그 목소리에 순종하고 싶은 나의 마음을 이해할 수 있을 것이다. 그래서 나는 숨을 쉬려는 노력을 조금씩 줄였다.

그때 벼락처럼 "그래선 안돼!" 라는 생각이 나를 쳤다. "이건 하나님이 아니라, 마귀가 나를 죽이려고 유혹하는 거야." 야고보서의 말씀이 나에게 강하게 임했다. "마귀를 대적하라 그리하면 너희를 피하리라." (약4:7)

그렇게 눈물의 장막 저 너머에 있는 골짜기, 바로 사망의 음침한 골짜기에서 사탄은 나를 만나 거짓말을 했던 것이다. 물론 그는 항상 나에게 거짓말을 하였기 때문에 그에게는 이 음모가 별로 큰 일이 아니었다. 내가 죽어가는 자리에서 또 다시 거짓말을 했을 뿐이다. 거짓의 아비인 사탄에게는 그 어떤 것도 신성 불가침한 것은 없다. 사망의 골짜기에서도 그는 자신이 하나님인 것처럼 위장하였던 것이다.

이런 것들이 교회 시대의 종말에 세상 사람들이 직면하는 사탄의 전술이다. 사탄은 무엇보다도 거짓말쟁이라는 것이다. 그는 하와에게 거짓말을 하였고, 그 후로 거짓말하기를 멈추지 않았다. 슬픈 것은, 너무도 많은 사람들이 그의 거짓말을 깨닫지도 못한 채 사실로 받아들인다는 것이다.

내 경우를 보면, 사탄은 처음부터 노골적인 거짓말로 나오지는 않았다. 내가 자신의 말을 들으면 육체의 고통이 멈출 거라고 하였다. 그것은 사실이었다. 그러나 나머지 말은 모두 거짓말이었다. 사탄은 자신의 이야기를 믿게 하려고 약간의 사실을 덧붙인 후, 교묘하게 그 모든 것을 뒤틀어 버리는 것이다. 그렇기 때문에 그를 포착하기가 힘든 것이다. 말하자면 그는 언제나 자신의 커다란 거짓말을 하기 위하여 약간의 진실을 섞어 말한다는 것이다.

7장
긴 여행 (The Grand Tour)

그 다음에 일어난 일은 너무도 놀라워서 어떤 이들은 믿기 어렵다고 한다. 처음부터 확실히 말하자면, 나는 꿈과 환상과 실제 경험의 차이점을 구별할 줄 안다. 만약 당신이 사탄과 악령들이 실재하는 개별적 존재들이라는 것을 믿지 않는다면, 당신은 하나님 나라와 당신 자신에게 커다란 해를 끼치고 있는 것이다. 당신이 적의 존재를 믿지 못한다면, 그 적을 알고 대항하는 것은 불가능할 수 밖에 없다.

내가 사탄을 대항하는 순간, 그는 내게서 도망을 갔다. 하나님의 천사들이 그곳에 있었고, 그들은 나의 육체로부터 영혼을 데려갔다. 그 천사들은 사탄이 나를 유혹할 때 줄곧 그 자리에 있었지만, 아직 나는 육체 속에 있었기 때문에 그 사실을 알지 못했던 것이다. 천사들은 내가 사탄을 나 자신의 의지로 대항하기 전까지는 나를 도우려 하지 않았다. 내가 도움을 받은 부분은, 내가 들었던 그 목소리가 하나님으로부터 온 것이 아니라 사탄으로 부터 온 것이라는 사실을 성령으로 깨닫도록 천사 들이 도와준 것이었다. 그 목소리에 복종하느냐 하지 않느냐는 나의 선택인 것이다.

천사들이 내 몸에서 영혼을 취해 갔을 때, 그들은 나를 곧바로 둘째 하늘(이층천. the Second Heaven)로 데리고 갔다. 병실을 나서야만 둘째 하늘로 갈 수 있는 것은 아니었다. 우리는 내 육체가 남겨진 그 방에서 두꺼운 벽을 통과해서 바로 둘째 하늘로 들어갔다. 그것은 육체가 아니라 영혼만이 지나갈 수 있는 벽이었다.

독자 여러분이 이것을 이해하기 위해서는, 영혼과 육체의 분리를 알아야 한다. 이 일이 어떻게 이루어지는가를 알려면 먼저 우리 인간이 어떻게 만들어졌는지를 알아야 할 것이다. 성경에 의하면, 우리 인간은 하나님의 형상대로 만들어졌다. 그러면 하나님은 어떠한 분이신가. 성경에는 하나님에 대한 3가지 불변의 진리가 나와 있다: 첫째, 하나님은 영이시다; 둘째, 하나님은 눈에 보이지 않으신다; 셋째, 하나님은 죽지 않으시는 분이다. 우리가 그의 형상대로 만들어졌다면, 따라서 우리는 영이며, 눈에 보이지 않으며, 죽지 않는다. 그러므로 우리가 거울을 볼 때 보이는 건 우리의 진짜 모습이 아니다.

우리는 오로지 육체만, 즉 영혼을 담은 그릇만을 볼 수 있다. 우리 모두 하나님의 형상으로 지어졌기 때문에, 육체가 없으면 우리는 서로를 볼 때 거울로 비친 자기 모습을 보는 것과 같을 것이다. 그래서 우리는 서로를 구분하여 개개인이 되기 위하여 각기 혼을 받은 것이다.

지상의 동물에게도 혼이 있다. 동물의 혼과 우리 인간의 혼이 다른 점은, 우리의 혼은 영에 속한 것이지만, 동물의 혼은 육체에 속해 있다는 점이다. 그들의 육체가 죽을 때, 혼 또한 죽는다. 그러나 우리의 육체가 소멸할 때는, 혼은 영과 함께 남아있다. 나의 영이 육체에서 떠났을 때, 나의 혼도 따라갔다. 아마도 혼을 가장 쉽게 정의하자면, 개인의 인격(personality)이라 할 수 있을 것이다. 육체와 떨어져 있는 동안, 나는 언제나 개인으로, 인격체로 남아 있었다. 다시 말해, 나의 신체와 정신적 기능을 모두 간직하고 있었다. 아니, 오히려 그것들은 더욱 더 발전된 상태가 되어있었다.

우리가 그 두꺼운 벽을 지나서 둘째 하늘로 들어서자, 나는 내가 전혀 다른, 상상할 수 없을 정도로 다른 세계에 와 있음을 깨달았다. 이 세계에는 바닷가의 모래알보다 더 많은 수의 영적 존재들이 있었다. 이것들은 악령(demons), 즉 타락한 천사들(fallen angels)이었고, 수없이 많은 다양한 모습들과 형태들을 지니고 있었다. 비슷한 형태의 악령들도 다양한 색

깔로 구별이 되었다. 악령들 중에는 인간의 형태와 모습을 한 것들도 많았으며, 어떤 것들은 지상 세계의 동물과 비슷한 모양을 하고 있기도 했다. 어떤 자들은 상상하기 싫을 정도로 추악한 모습을 하고 있었다. 어떤 것들은 너무도 음울하고 메스꺼운 모습을 하고 있어서 나는 거의 토할 것 같았다.

둘째 하늘에 도착했을 때, 나는 바로 하나님이 계신 셋째 하늘인 삼층천(the Third Heaven)으로 가기 위해서는 어떤 방향으로 가야 하는지 즉각 알 수 있었다. 내가 그것을 어떻게 알았는지 모르겠지만, 나는 분명히 알고 있었다. 그리고 내 기도가 이루어지려면, 삼층천에서 하나님 아버지 앞에 서야 한다는 것을 알고 있었다. 영의 세계에서 나는 성령의 보호 아래 여행하고 있었고, 나를 호위하는 천사들 역시 성령의 보호를 받고 있었다. 이 글을 읽는 독자 여러분에게는 천사들조차 성령의 보호가 필요하다는 것이 이상하게 느껴질 수 있으나, 그때 우리가 둘째 하늘에 있었음을 염두에 둔다면 이해가 갈 것이다. 둘째 하늘은 현재 사탄이 지배하고 있다. 사탄은 결국 영원한 지옥에 던져 질 것이지만, 지금은 지옥에 있지 않다.

그곳에 있는 모든 악령들은 우리의 존재를 의식하고 있었고, 우리가 성령의 보호 아래 있다는 것도 알고 있었다. 그 보호가 왜 필요했는지 설명하기 위해서 나는 성경에 언급된 둘째 하늘에서의 사탄의 능력에 대해 말하겠다. 다니엘서 10장에는 다니엘에게 메시지를 보내기 위하여 하나님께서 천사를 보낸 이야기가 나온다. 중요한 메시지였기 때문에 사탄은 천사를 막을 생각이었다. 하나님의 천사가 삼층천에서 다니엘에게 가기 위해서는 둘째 하늘을 지나가야 했다. 사탄은 자기 휘하의 프린스(princes) 중 한 명, 즉 그의 천사장들(archangels) 중 한 명을 하나님의 천사를 막기 위해 내보냈다. 천사는 싸워야 했고, 혼자 뚫고 지나갈 수 없어서 도움을 요청할 수밖에 없었다. 하나님은 자신의 천사장 하나를 보내주셨지만, 싸움에 승리하는 데에는 21일이나 걸렸다. 천사는 메시지를 전한 후 다니엘에게 자신이 돌아가기 위해서는 또 다시 둘째 하늘에서 싸워서 통과해야 한다는 것을 상기 시켜주었다.

그 세계를 돌아다니면서, 나는 동행하는 천사가 나를 하나님이 계신 삼층천과는 반대 방향으로 데리고 가는 것에 대해 크게 실망했다. 여기 저기 돌아보면서 나는 마귀들에 대해 많은 것을 배웠다.

나는 그 영혼의 세계에서 지금 우리가 있는 육체의 세계에서와는 다른 방식으로 모든 일을 하였다. 예를 들어, 우리는 대화를 할 때 입과 귀로 하지 않고 마음으로 하였다. 그것은 마치 생각의 파도에 말을 담아 내보내고, 같은 방식으로 말을 받는 것과 같았다. 생각을 굳이 내보내지 않고 속으로만 할 수도 있었으나, 천사들은 나의 마음을 읽을 수 있었기 때문에 이것은 별로 소용이 없었다.

영적 세계에서의 활동은 우리가 지상에서 하는 것과는 달랐다. 예를 들어, 입과 귀로 대화를 하는 것이 아니라 마음으로 하는 것이었다. 생각의 파장을 보내면, 상대방의 대답도 똑같은 방법으로 온다. 말을 보내지 않고 혼자 생각할 수는 있지만, 이것도 나에게 도움이 되지 않았다. 왜냐하면 천사들이 나의 생각을 읽을 수가 있었기 때문이었다.

나는 여러 가지 소리를 들을 수 있었지만, 귀로 듣지는 않았다. 마음으로 소리들을 들었지만, 어찌 됐든 그 소리를 '듣는' 것임에는 틀림이 없었다. 여행도 우리는 '생각의 속도'로 하는 것 같았다. 생각의 속도로 여행할 때는 움직인다는 느낌이 없다. 천사는 우리가 갈 곳을 말했고, 그러면 우리는 그곳에 와 있었다. 그런 식으로 여행하지 않았던 때가 가끔 있었는데, 예를 들어 천사들이 나를 물리적 세계로 도로 데리고 와서, 마귀들이 세상에서 일하는 것을 보여 줄 때였는데, 나는 그때 움직인다는 것을 느낄 수 있었다. 우리는 물리적 세계에서 마치 구름 위에 떠다니는 것처럼 이동했지만, 그때는 분명히 움직인다는 느낌을 받았다.

마귀에 대해 오해해서는 안 된다. 그들은 분명히 존재한다.

성경에는 천사보다는 마귀에 대한 언급이 더 많다. 누가복음 10장 18절 등에는 악령들은 사악하다고 나와 있다. 마가복음 5장 8, 9절에는 귀신들의 수가 셀 수 없이 많다고 나와 있고, 마태복음 10장 1절에는 그들이 더럽다고 나와 있다. 마태복음 12장 22-30절은 그들이 사탄의 명령을 따른다는 것을 말해주며, 마태복음 8장 28절은 그들이 사람을 지배할 수 있음을 보여준다.

악령의 세계에는 권력의 분배 체제가 있는데, 마치 군대 같은 계급과 질서로, 명령 조직이 체계화되어 있다. 어떤 악령들은 프린스(prince. 총독, 영주: 역자 주)라는 직함을 가지고 공국(principality) 하나를 다스리고 있다. 이 공국은 하나의 지역, 영역, 장소, 또는 그룹으로, 크기가 나라처럼 거대할 수도 있고 한 사람에게만 한정될 수도 있다. 사탄이 프린스에게 직무를 줄 때, 프린스는 사탄의 이름으로 일할 수 있는 권위를 갖게 되고, 그 임무를 완수하기 위해서는 어떠한 방법이나 수단도 다 사용한다.

둘째 하늘을 여행하기 시작했을 때, 천사들은 먼저 각종 악령들을 내게 보여 주었다. 각 악령은 형태를 보면 그의 전문 분야를 알 수 있었다. 곧 악령의 세계에는 '만능꾼'(a general practitioner)이 없다는 것을 깨달았다(단 한 가지 예외는 있다). 악령은 모두 자신의 분야에서 전문가이다. 그들은 전문 분야가 하나밖에 없지만, 각각 자기의 분야에는 굉장히 뛰어난 능력을 가지고 있다. 단 한 가지 예외는 있다. 나머지 악령들과는 완전히 다른 부류의 악령들이 있는데, 이 자들은 예수님께서 마태복음 17:21(우리말 개역 성경에는 빠져있는 본문으로, "기도와 금식이 아니면 이런 유가 나가지 아니하느니라"라는 내용이다 : 역자 주)에서 언급하시는 부류이다. 이 전문 분야에 대해서는 필자의 다른 책 "미스터리 악령"(THE MYSTERY DEMON)에 상술되어 있다.

8장
악령들 (Demons)

천사들이 종류별 악령을 하나씩 나에게 지적해 주자, 나는 곧 이들 사이에는 사회적인 계급, 또는 지위가 존재한다는 것을 깨달았다. 상위 계급에 있는 자들은 사람과 비슷한 형태로 보였고, 계급이 아래로 내려갈수록 악령들은 반 인간, 반 짐승의 모습으로 나타났다. 어떤 악령들은 지상 세계에 존재하는 짐승의 모습을 하고 있었고, 어떤 악령들은 상상할 수 없을 정도로 추악한 모습을 하고 있었다.

계급이 가장 높은 자들은 전쟁의 영들(the warring demons)로, 사탄의 부하들 중 '정수'에 해당하는 존재들이었다. 그들은 둘째 하늘과 지상 세계를 항상 무리 지어서 마음대로 돌아다니고 있었다. 그들은 혼자 다니는 법이 절대 없다. 그들이 가는 곳마다 다른 악령들은 길을 비켜 주었다. 전쟁의 영들은 사람의 모습으로 내게 보여 졌다. 키가 아주 크다는 것만 빼면 사람과 다를 점이 없었다. 약 8-12 피트 정도 되는 키로, 우락부락하고 잘생긴 모습은 마치 거대한 덩치의 운동선수 같은 모습이었다. 전쟁의 영들은 모두 청동색을 띄고 있었다. (영계에 대해서 내가 묘사하는데 있어서, 내가 볼 수 있었던 악령들의 모든 형태나 모습을 다 묘사할 수가 없다. 이 책에 언급한 악령보다 훨씬 더 많은 부류들이 있다.)

둘째로 강력한 악령도 사람의 모습을 하고 있었는데, 이들은 보통 사람의 모습이었다. 이 분야에 전문성을 가진 악마들은 모두 둘째 계급에 속해 있었다. 이들 중 가장 우두머리는 탐욕의 영이였고, 그 외에도 증오, 색욕, 분쟁의 악령들과 몇몇 다른 악령들이 있었다.

셋째 지위에 있는 악령들은 모습이 가지각색이었다. 어떤 자들은 사람의 모습이었고 어떤 것들은 반인 반수의 모습이었다. 어떤 것들은 동물의 모습이었다. 이 악령들은 마법이나 마술 관련 분야의 전문가들이었다. 이 계급에는 그 외에도 두려움의 영들과 자학의 영들, 그리고 죽은 사람의 영혼을 흉내내는 능력을 가진 귀신들, 지상 세계에 유령으로 모습을 나타낼 수 있는 악령들 등이 있었다. 사탄 숭배자들을 조종하는 악령들도 이 계급에 속해 있다.

넷째 계급에 있는 악령들은 모두 인간과는 다른 모습을 하고 있었다. 어떤 것들은 우리가 알고 있는 동물의 모습을 가지고 있었고, 어떤 것들은 전혀 보지 못한 모습을 하고 있었다. 이 그룹에는 살인, 잔인성, 가학성, 그리고 그 외에도 학살의 영들이 있었다.

 그 밑으로 가서 거의 끝에 다다르면, 악령들은 모두 소름 끼치도록 무섭고 음울한 모습으로 나타났다. 어떤 영들은 너무도 불쾌한 모습이어서 그들을 보는 것만으로도 구역질이 났다. 이 그룹의 영들은 성 도착에 전문성을 지닌 자들이었다. 그들은 심지어 악령들 사이에서도 너무나 경멸을 당해, 둘째 하늘에서든 지상 세계에서든 항상 자기네들끼리 몰래 잠적해 활동한다. 그들은 자신의 임무와 관계된 일이 아니라면 다른 악령들과도 어울리지 않는다.

 또 한 그룹의 악령들이 있었지만, 나는 그 능력에 대해서는 기억이 별로 없다. 그 기억은 특별한 이유 때문에 하나님이 일부러 빼앗아 가셨고, 그들에 대해 많이 배우거나 기억하는 것이 금지되었다. 나는 그들이 어떤 지위에 있다거나, 어떤 모습을 하고 있는지조차 모른다. 전문 분야도 모르지만, 인간 육체에 대한 그들의 통제력이 대단하다는 것은 희미하게 기억이 난다. 이 불가사의한 그룹은 다른 악령들과는 다르게 일을 하며, 이해할 수 없는 아주 특별한 상황에만 쓰임받는 것 같았다. 위에 말했듯이, 나는 이 영들에 대해서는 기억을 많이 하도록 허락되어 있지 않다. 지금 독자들께 이야기하는 것만큼만 기억할 수 있고, 그나마 기억이 희미하다.

  이들은 다른 악령들보다 더 상대하기 힘들다. 그들의 가장 큰 힘은 그들의 익명성에 있다. 이들 중에 한 악령은 사람 안에서 간질의 형태로 나타나는 능력이 있었다. 확실하진 않지만, 다른 그룹의 악령 일부도 간질을 흉내 낼 수 있는 능력이 있었던 것 같다. 나는 악령들이 간질의 원인이라고 확정지을 순 없지만, 그들이 사람 안에 들어가 간질을 흉내 낼 수 있는 능력이 있다는 것은 생생히 기억한다.

  한번은 이렇게 둘째 하늘을 순회하면서 악령들끼리 모여 있는 것을 보고 아주 괴로운 느낌을 받은 적이 있다. 그것은 주체할 수 없을 정도로 답답하고 음울한 느낌이었다. 이 느낌은 우리가 둘째 하늘을 들어선지 얼마 되지 않아서 왔고, 나는 무엇 때문에 그런가 궁금했다. 바로 이때, 천사들이 사람의 마음을 읽을 수 있다는 것을 알게 되었다. 왜냐하면 나의 수호천사가 "네가 지금 궁금해하는 그 감정은 이 세계에 사랑이 없기 때문에 일어나는 것이다." 라고 말했기 때문이다. 천사는 내게 이 둘째 하늘에는 사랑이 조금도 없다고 말을 한 것이다! 오! 이 모든 악령들은 사랑하지 않는 주인을 섬기고 있었고, 주인은 자기가 사랑하지 않는 자들을 다스리고 있다는 것... 상상조차 할 수 있겠는가? 이보다 더 심한 것은, 이들은 영원을 위해 함께 일하고 있지만, 서로 사랑하지 않는다는 것이다.

　나는 첫째 하늘이라 일컬어지는 인간 세계에 사랑이 없다면 어떻게 될까 하는 생각에 빠져들었다. 하나님이 만약 자신의 사랑을 우리 세상에 소개하지 않았다면, 우리는 둘째 하늘처럼 사랑이 없는 세상을 살아가고 있을 것이다. 하나님이 우리에게 사랑을 주심으로 우리는 그 사랑을 되돌려드릴 수 있게 되고, 또한 서로를 사랑할 수 있게 된 것이다. 가정이나 사회에 사랑이 존재하지 않는다면 어떨지 당신은 상상할 수 있는가?

　악령의 세계에는 사랑이 없다는 것을 배웠을 때, 그들을 이끄는 동기나 열의에 대한 더욱 더 큰 의문이 생겼다. 그들은 왜 그렇게도 열심히 일하는 것일까? 무엇이 일을 그토록 빠르게 수행할 수 있게 하는가? 그들은 서로를 사랑하지도 않으면서도 명령을 빠르고 열심히 수행하였다. 세계의 그 어떤 군대 조직도 이토록 성실하고 충성스러운 부하들이 있음을 자랑스러워 할 것 같은 정도였다. 어쩌면 그들의 열의를 유발하는 것은 그들을 기다리는 심판과 형벌일 것이다. 그 오랜 옛날 삼층 천에서의 첫 반란 이후로, 그들은 더 이상 반항할 수 없는 장소와 위치에 이른 것 같다. 그들을 이끄는 동기가 무엇이든 그 동기가 그들을 완벽히 지배하고 있고, 그들은 육신(사람)에 대한 엄청난 증오를 발산하고 있다. 어쩌면 그들 존재

자체의 유일한 즐거움은 사람들에게 비참함을 만들어 내는 일일 것이다.

나는 그들 사이에 들어가 그들이 일하는 것을 구경할 수 있도록 허락되어 있었지만, 설명이 부족해 이해할 수 없는 일이 많았다. 어떤 일은 전부 다 보게 되었지만 기억할 수 없게 된 것도 있다. 높은 계급의 악령들은 둘째 하늘에 있는 나를 달가와 하지 않았다. 성령의 보호가 아니었더라면 그들이 나를 막았을 것이다. 전쟁의 영들 중에 하나는 아예 내 앞으로 바짝 다가와서 심술궂게 나를 흘겨보았지만 나는 무섭지 않았기 때문에 움찔거리지도 않았다. 그가 결국 맞서야 할 대상은 내가 아니라 나를 데리고 오신 성령이라는 것을 알고 있었던 것이다. 중간 계급의 마귀들은 나를 본 체도 안하며, 내가 없는 것처럼 자기 할 일을 해 나갔다. 하위에 있는 악령들은 약간 나에 대해 두려움, 또는 나를 데리고 들어온 천사에 대한 두려움을 표현했다. 그러나 높은 계급의 악령들은 나와 천사를 조금도 두려워하지 않았다.

나를 데리고 다니던 천사는 사람에게 악령이 드는 것을 나에게 보여주고 싶다고 했다. 이때 나는 다시 둘째 하늘과 물리적인 세계를 분리하는 두꺼운 벽을 통과하였다. 이 세상에 돌아왔을 때 우리는 내가 입원해 있던 병원에 와 있었고 나의 몸은 다른 방에 있었다. 이 방은 직원 휴게실 같은 곳이었는데, 그곳에는 식탁, 의자, 음식이 담긴 그릇 등이 놓여 있었다. 젊은 남자와 여자가 서로 마주하며 웃고 이야기를 나누고 있었고, 그들은 나와 천사를 전혀 의식하지 못했지만 나는 그들과 너무 가까워서 손 내밀면 닿을 듯했다. 나는 그들이 하는 말 한 마디 한 마디 모두 듣고 이해할 수 있었다. 그들은 자신들만 있는 줄 알고 있었겠지만 그들이 웃으며 떠들 때 그들 사이에는 굉장히 추악한 괴물이 서 있었다. 이 악령은 너무나 소름끼치게 생겨서, 나는 성 도착의 영이라는 것을 금방 알아챌 수 있었다. 천사, 악령, 그리고 나는 영의 상태에서 그 방의 모든 것을 지켜보고 있었다. 육체로 존재하는 그 사람들은 우리를 볼 수도 들을 수도 없어 자신들만 의식하고 있었다. 우리는 영으로 있었기 때문에 계속해서 마음으로 대화를 나누었다.

나는 사실 그 둘이 하는 대화에는 별로 신경을 쓰지 않고, 모든 주의를 마귀에게 집중 시키고 있었다. 그는 모습이 너무도 끔찍스러웠다. 매우 불균형한 모습의 거대하고 배가 터질 것 같은 끈적끈적한 초록색 개구리 같았다. 그는 천천히 남자의 얼굴 쪽으로 올라가더니, 연기처럼 남자의 얼굴 모공 속으로 빨려 들어가듯 사라져 버렸다. 마귀가 남자 속으로 들어가자 천사는 "이제 끝났다" 라는 말을 하였다. 천사는 그 남자가 어떻게 귀신들렸는지를 설명하기 시작했다. "악령은 자신을 인간에게 매혹적이고 호감이 가도록 만들었다." 사람에게는 악령이 침해할 수 없는 자신만의 주권적 의지가 있다고 천사는 나에게 말해주었다. 천사들도 사람의 의지를 넘어설 수는 없으며, 심지어 하나님 자신도 사람의 의지를 침해하지 않으신다고 그는 말했다. 우리는 모두 하나님의 형상대로 만들어졌기 때문에 하나님처럼 자유 의지, 즉 우리의 운명을 선택할 수 있는 권리를 부여 받은 것이다. 나는 이에 대해 배운 모든 것을 다 기억하도록 허락 받지 못하였다.

아주 특별한 상황에서만 마귀들이 어린 아이의 몸에 들어갈 수 있다는 것이 희미하게 기억난다. 불가사의한 그룹의 악령만이 이 일을 할 수 있는 것 같다. 내 기억으로는 정말 아주 특수한 상황에만 이렇게 어린 아이의 몸에 악령이 깃들 수 있다. 천사들이 내게 이야기한 것은, 사람 속에 마귀가 들어가는 것은 90% 이상이, 스스로를 책임질 나이가 된 사람들에게만 해당된다는 것이다.

천사는 대화 중에, 모든 하나님의 자녀들은 누구나 악령을 이겨내고, 쫓아 낼 수 있는 능력이 주어졌다는 사실을 말해주었다. 하지만 이 능력은 그리스도인의 믿음에 바탕을 두고 있어서, 자기가 무슨 일을 하는지 조금도 의심 없이 알고 있을 때에만 힘을 발휘한다고 하였다. 어떤 그리스도인들은 이 분야에 특별한 능력을 받았다. 그들은 성령의 특별한 부름을 받아 악령을 쫓아내는 사역을 맡게 되었고, 대부분 이런 사역에 부름 받은 자들에게는 영 분별의 능력도 주어진다. 악령을 대적할 때는, 어떤 종류의 악령인지 아는 것도 매우 중요하다. 어린 아이에게 악령이 깃드는 흔치 않은 경우에는 그 아이를 구해내기 위해서는 특별한 노력과 성령의 통찰력이 필요하다. 한 예는 마태복음 17:14-21에 나와 있다. 그리스도인이라면 누구나 악령을 명령하여 쫓아 낼 수 있는 잠재능력이 있다.

나와 동행한 천사는 이젠 바깥세상에서의 악령의 활동을 보여 주겠다고 하였다. 나는 이제 벽돌 벽을 통과하여, 병원 밖 길거리에 나오게 되었다. 나는 이 세상에서 살아가는 사람들을 보면서 놀라움을 금치 못하였다. 그들은 일상적인 일을 해 나가면서, 영적 세계의 존재들이 자기네들을 따라 다니고 있다는 것을 전혀 알지 못하고 있었다. 나는 인간들 사이를 마음대로 거니는 가지각색의 악령들을 보면서 깜짝 놀랐다.

악령들이 사람의 의지를 무시한 채 사람을 조종할 수 없듯이, 천사들도 그렇다. 거듭난 기독교인들은 누구나 수호천사가 있고, 그 기독교인의 삶이 끝나기 전까지는 엄청나게 많은 천사들이 그를 지켜야 할지도 모른다. 수호천사들은 우리를 위해서 싸우지만, 그들도 우리의 의지가 관계되는 일에는 어찌할 수가 없다. 그들의 싸움은 오로지 우리들의 사각지대를 보호하는 일 뿐이다. 그들은 우리 의지와 관계없는 일로 악령이 다가올 때 악령과 싸운다. 악령이 우리의 의지를 타고 올 때는 천사라도 악령과 대항할 수 없다. 우리는 하나님의 형상대로 창조되었기 때문에, 하나님처럼 주권적인 의지를 갖고 있다는 사실을 잊지 말라.

악령은 천사와 꼭 싸워야 하는 경우에는 싸우지만, 대체로 싸움을 피하고 싶어한다는 사실을 배웠다. 마귀는 우리의 의지를 통해서 우리를 파멸시키는 것이 더 쉽고 안전하다는 것을 알고 있다. 마귀가 우리의 의지를 통하여 역사할 때는 천사들이 마귀를 막을 수 없지만, 의지 바깥의 일에는 천사와 악령이 부딪쳐 싸워야만 하기 때문이다. 그렇기 때문에 악령들은 속임수 분야에 굉장한 실력을 키워 왔다. 그들은 우리의 인생을 속임수와 기만으로 헤집고 다니고, 우리는 그들의 활동을 조금도 의식하지 못한다.

나는 악령들이 모두 둘째 하늘에 있는 것이 아님을 배웠다. 어떤 무서운 악령들은 지옥에서 쇠사슬에 묶여 지내고 있다 ("또 자기 지위를 지키지 아니하고 자기 처소를 떠난 천사들을 큰 날의 심판까지 영원한 결박으로 흑암에 가두셨으며" 유다서 1:6). 물론, 사탄과 그의 부하 악령들은 현재 지옥에 있지 않고, 지옥에 가고 싶어 하지도 않는다. 나는 지옥을 가 보도록 허락 받지 못하였고, 그곳에 속박 당한 악령들을 볼 기회도 없었다. 하지만 그렇게 묶여 있는 악령은 그들의 영역 한

계를 벗어났기 때문에 그곳에 있다는 것을 나는 안다.

하나님은 무한한 지혜로, 사탄과 그의 악령들에게 깰 수 없는 경계 또는 한계를 주었다. 그들은 하나님이 정하신 한계 밖으로 나갈 수 없게 되어 있으나, 지옥에 현재 묶여 있는 악령들은 바로 그런 짓을 했던 것이다. 하나님이 정하신 한계 밖으로 갔기 때문에 그들이 거기 지옥에 속박 당한 것이다.

성경은 여러 곳에서, 특히 유다서에서 이 사실을 보여주고 있다. 사탄이 하나님이 정하신 경계 바깥으로 나가려 할 때는 하나님의 허락을 받아야 한다. 욥기에서는 그가 하나님의 허락을 받았었지만, 베드로의 경우에는 허락을 받지 못했었다. 책임질 수 있는 나이가 되지 않은 아기들 속에서 일하는 악령들도, 이 특별한 허락을 받은 후에만 그렇게 할 수 있는 것이다. 어떠한 상황에 하나님이 허락을 내리시는지 잘 모르겠지만, 확실한 것은 그러한 상황이 존재한다는 것이다. 그러나 그렇게 책임질 나이에 이르지 못한 아기들 속에서 일하는 것을 허락 받는 경우는 극히 드물다. 대부분의 경우 사탄은 이렇게 일하도록 허락을 받지 않았다. 그러나 마지막 날에 접어든 지금에 우리는 어른뿐만 아니라, 아이들 안에서도 악마의 활동이 늘어나는 것을 예상할 수 밖에 없다. 마가복음 13장 22절에서 거짓 예언자들이 마지막 때에 일으킬 많은 기적을 이야기하실 때, 예수께서는 우리에게 늘어날 악령의 활동을 경고하신 것이다. 하나님이 왜 악령들이 아이들까지 지배할 수 있도록 허락하시는지는 이해하기 힘들지만, 누구나 죄 가운데 태어나기 때문에, 악에 이용당할 수 있는 가능성이 언제나 있는 것이다.

쇠사슬에 묶여 있는 악령들은 하나님이 정하신 경계를 벗어나는 활동을 허락없이 행했던 영들이다. 그들의 무법 행위는 창세기 6:2-5에 나와 있다. 그들은 허락을 받지 않고 했기 때문에 즉각적인 형벌을 받았다. 사탄과 악령들에 정해진 형벌은 세상 끝에 계획되어 있고, 요한 계시록 20:1-3에 기록되어 있다. 독자들이 알다시피, 불 못은 사탄과 악령들을 위한 영원한 거처로 만들어진 것이다.

이 시대에 우리는 하나님이 허락하신 범위 안에서 사탄이 던지는 속임수와 유혹의 불화살을 경계해야 한다. 악령들이 일할 수 있는 시간을 하나님이 정해 놓으셨지만, 아직 그 끝은 오지 않았다. 그리스도인으로서 우리는 예수님의 권위 아래 그들을 묶어 둘 수는 있으나 이것은 비 영구적이다. 우리는 그들을 지옥에 던져 넣을 수가 없고, 하나님만이 그렇게 하실 수 있다. 그렇기 때문에 악령이 들었다가 빠져나간 이는 하나님의 의지 아래 살아가는 것을 배워야만 한다. 그렇지 않으면 다시 악령에게 점령당할 수 있다. 그리스도인은 사람에게서 악령을 쫓아 낼 수는 있지만, 그 사람이 완전히 구원받고 하나님의 뜻에 순종하여 살지 않는다면 악령이 그에게 다시 돌아올 수도 있다. (마태복음 12:43-45을 보라)

악령은 정말 개인적으로 존재하며, 오늘날 세상의 모든 악을 조종하고 있다. 나는 영적 세계에서 도시의 길들을 다녀 보면서 경악을 금치 못했다. 악령들이 인간을 부패하게 하고 파멸시키기 위해 여기 저기 활동하는 것을 보았기 때문이다.

사람은 영적 존재이지만, 일단은 몸 안에서 제약을 받으며 살고 있다. 지금의 대 영적 전쟁은 사람의 영혼과 사탄이 지령하는 악한 영들 사이에 일어나고 있는데, 그들은 우리의 육체를 통제하고 조종하려는 자들이다. 우리의 영은 믿음과 자유 의지를 통해서 싸우며, 사탄과 그의 사자들은 미혹과 교활한 속임수와 유혹으로 싸운다. 당신은 이 전쟁에서, 또 이 전쟁에 사용되는 무기를 다룸에 있어서 실수를 해서는 안 된다. 성경에는 이 두 가지에 대해 아주 명백하게 말씀하고 있다. 나는 이 악령들이 한 사람의 몸을 두고 서로 싸우는 것도 보았다.

어쩌면 당신은 악령이 당연히 사람보다 훨씬 우세하다고 생각할지도 모른다. 그들은 우리가 생각하고 말하고 행동하는 것 모두를 다 알 수 있지만, 우리는 그들의 활동을 조금도 알아챌 수 없다. 보지도 듣지도 만지지도 못하는 적과 싸우는 것은 어렵기는 하지만, 하나님을 믿는다면 두려워할 것이 없다. 어떤 때는 믿음이 가장 강한 그리스도인도 그들의 존재와 활동에 의심을 가지게 되고, 그렇게 되면 그들의 일은 쉬워진다. 그러나 사람은 무방비 상태로 내버려진 것은 아니다. 하나님의 형상으로 만들어졌기에, 우리는 하나님처럼 주권적 의지를 가지고 있고, 그 어떤 영도 그 사람 자신이 허용하지 않는 한 사람의 의지를 침해하여 활동 할 수는 없다.

그렇기 때문에 악마는 속임수의 능력을 발달 시켜 왔다. 그들 활동의 최고 기본원칙은 악한 것을 멋지고, 아름답고, 위협적이지 않은 것으로 보이게 하는 것이다. 그래서 유혹 당하는 사람이 경계를 늦추고 죄를 범하도록 유도하는 것이다. 한번 속은 사람은 다시 속기 쉽다. 악령이 일단 한번 들어오면, 그 후에도 악령이 계속 사람을 지배하기가 쉬워지는 것이다.

사람이 가진 또 하나의 큰 방어책은 수호천사이다. 수호천사는 모든 사람에게 주어지는 것이 아니라 구원받은 하나님의 자녀에게만 할당된다. 기억하라. 악령처럼 수호천사도 사람의 의지를 넘어서서 일할 수 없다. 그렇기 때문에 수호천사는 사람의 의지 밖의 일에서만 그 개인을 보호해주는 것이다. 인간의 가장 큰 무기는 무엇보다도 하나님의 말씀이다. 우리의 영적 전쟁에 대한 묘사에서, 바울은 하나님의 말씀 (에베소서 6:11-18)이 우리가 가진 유일한 공격 무기라고 하였다. 우리는 악령들에 비해 수적으로 너무나 열등하지만 (사람 한 명에

수천의 악령이 존재한다) 사람은 전쟁에 대한 충분한 준비가 되어 있다. 자유 의지, 수호천사, 그리고 하나님의 말씀을 받은 사람은 더 뛰어난 방어를 갖추고 있고, 자기의 영혼을 위한 싸움에서 마귀보다 훨씬 더 강한 능력을 지니고 있다.

그러므로 나는 모두에게 말한다. 이 전쟁에 싸워서 이기고 말겠다는 결심을 했다면 두려워하지 말라! 당신의 사령관, 교사, 치료자, 보호자이신 성령 - 그분은 당신을 절대 떠나거나 버리지 않으실 것이다.

9장
본향으로 가는 길 (The Way Home)

천사들이 내가 지상 세계에서 활동하는 악령의 모습을 충분히 봤다고 생각했을 때 우리는 차원의 벽을 통해서 다시 둘째 하늘로 돌아왔다. 그 때, 나의 수호천사는 이제 삼층 천 방향으로 나를 인도하였으므로 나는 참으로 기뻤다. 내가 늘 가고 싶었던 곳은 삼층 천이었기 때문이다. 여전히 나에게는 육신의 생명이 가장 큰 관심사였던 것이다.

순식간에 우리는 지극히 아름다운 곳에 이르렀다. 이미 둘째 하늘이 얼마나 무시무시한 곳인지 말했으니, 이 아름다운 곳에 온 내가 얼마나 놀랐겠는지 상상이 갈 것이다. 하나님은 그곳이 왜 아름다운지의 기억을 갖고 가지 못하도록 하셨는데, 내가 기억하는 것이라면 그곳은 내가 본 곳 중 가장 아름다운 곳이라는 것이다. 터널이나 차도, 골짜기, 또는 고속도로처럼 보이는 곳이었다. 그곳에는 휘황찬란한 빛이 있었고 보이지 않는 보호막으로 둘러 쳐져 있었다. 나는 이 보호막이 곧 성령의 보호라는 것을 알 수 있었다.

이 터널, 도로, 골짜기, 혹은 무슨 단어로 표현하던, 거기를 걸어가는 자들은 사람처럼 보였다. 나는 나의 수호 천사에게 그들이 누구냐고 물어보니까 "본향으로 가는 성도들"이라고 말을 해주었다. 그들은 바로 세상에서 죽어 이제 본향으로 돌아가는 크리스챤들의 영혼이었다. 각 성도에게는 적어도 한 명의 수호천사가 동반하고 있었고, 어떤 이들에게는 한 무리의 천사가 함께 하고 있었다. 나는 왜 어떤 성도는 한 명의 수호천사만이 있고 어떤 이들은 여럿이 있는지 궁금해졌다. 나는 성도들이 본향으로 가려면 반드시 통과해야 하는 길을 지켜보았다. 여기 지구에서 삼층 천으로 가는 길이 있는 것이다. 나는 오로지 '인정받은' 영혼들만이 그 터널에 들어설 수 있다는 것을 알게 되었다. 결코 악령은 들어올 수 없다.

나의 수호 천사가 본향으로 가는 성도들에 대한 이야기를 마쳤을 때, 내가 그 터널 안으로 들어서려 했지만 천사는 나를 막았다. 그는 우리가 터널 옆으로 지나가야 하며, 안으로 들어가서는 안 된다고 말하였다. 그래서 나는 터널을 따라서 바깥으로 여행하였다. 우리가 이렇게 터널 옆으로 여행할 때는 '생각의 속도'로 가지 않고, 마치 구름 위에 있는 것처럼 여행하였다. 다시 말해, 구름은 없었지만 우리가 여행하는 방식은 마치 구름 위에 떠 있는 것 같은 그런 느낌이 들었다.

나는 터널 안쪽에서 언제나 움직이는 성도들을 볼 수 있었다. 그들은 모습이 모두 사람이었으나, 인종, 나이, 또는 성별을 구분할 수가 없었다. 그들은 투피스 같은 옷을 걸치고 있었다. 블라우스나 셔츠 같은 것과 바지로 되어 있었다. 옷의 색깔은 파스텔, 베이비 블루(엷은 푸른색)였고, 투피스 중에 하나는 다른 것보다 더 연했다. 파란색이 너무도 연해서 거의 흰색에 가까웠다. 내가 그때 깨달은 것은, 내가 보고 있던 성도들이 첫 번째 부활을 기다리고 있는 중이기 때문에 아직은 영광스러운 몸을 받지 못했다는 것이었다.

처음에는 성도들과 함께 터널 속을 갈 수 없는 것이 매우 안타까웠으나, 우리의 목적지가 그들과 같다는 얘기를 듣고 조금 마음이 나아졌다. 무엇보다도 나의 육체의 생명이 연장되려면 내가 하나님 앞에 서야 한다는 것을 알고 있었다. 그때까지도 육신의 생명이 나에겐 가장 중요했던 것이다.

여행을 계속하면서 나는 곧 악령들의 수가 적어진다는 것을 깨달았다. 커다란 문들이 눈에 들어왔고, 문에 다가갈수록 악령들의 모습은 점점 더 멀어졌다. 입구에 도착했을 때는 더 이상 악마는 보이지 않았다. 삼층 천의 입구는 이층 천 쪽으로 열려 있지만, 마귀는 가까이 올 수조차 없게 된 것이다.

천사는 나를 들여 보내주지 않고, 일단 입구 한쪽에 서있게 했다. 그는 나에게 그곳에 남아서 성도들이 천국으로 들어가는 것을 구경하라고 말했다. 성도들이 천국을 들어서는 것을 보면서 나는 이상한 것을 하나 느꼈다. 즉, 그들은 오로지 한 명씩만 문으로 들어가게 되어 있었다. 둘이서 함께 들어가는 것은 허락되지 않았다. 나는 이것에 대해 궁금 했지만 설명을 듣지 못했다. 세상에 돌아온 후 오랫동안 이에 대해 연구를 해보았는데, 이제 그 이유를 알 것 같다. 이것은 한 개인에 대한 존중의 표현이라고 생각한다. 각 개인은 자유 의지로 선택을 했던 것이다. 기억하라! 하나님의 형상대로 만들어진 우리는 자신의 의지로 스스로 운명을 선택할 수 있는 권리가 있다는 것을.

성도들이 한 명씩 들어가고 있을 때, 나는 왜 내가 묻고 싶은 일을 허락받지 못하고 있는지 궁금하게 여기고 있었다. 나는 하나님 앞에 가서 청원을 하고 싶은 마음이 너무도 간절해서, 그때 지켜보고 있던 장면의 의미를 그만 놓치고 말았다. 그것은 너무나 중요해서 성령님이 직접 말씀해 주셨다. 나는 50명의 성도가 천국으로 들어가는 것을 보았지만, 내가 놓친 것은 그 시간대였다. 이 50명의 성도가 지구에서 죽을 때, 1950명의 다른 사람들도 같은 시간대에 죽었다. 즉, 2000명 중 50명만이 천국에 가게 된 것이다. 나머지 1950명은 그곳에 없었다. 그들은 어디에 있는가? 오직 2.5%만이 천국을 가는 것이다! 97.5%는 천국을 가지 못했다! 이것이 바로 현 세상의 모습이란 말인가? 지금 세상사람 중 97.5%는 하나님을 만날 준비가 되어 있지 않다. 이것이 우리가 현재 처해 있는 라오디게아 교회의 시대를 그대로 대변한다는 것이다. 오늘날 대부분의 교인들은 입으로만 믿는 자들이고, 마음으로 행하는 자들이 아니라는 데 문제가 있는 것이다.

이 책의 시작 부분에서 나는 그 누구도 내 말을 믿으라고 설득하지 않겠다고 했었다. 하지만, 나는 마태복음 13장에서 예수님이 이야기하신 씨 뿌리는 자의 비유를 제시하고 싶다. 이 장을 자세히 읽어보면, 복음을 들은 4명의 사람 중 3명이 그것을 거절한다는 사실을 알 수 있을 것이다. 그것은 어찌 되었거나 75%이다. 다시 말해서 복음을 들은 사람들 중 4분의 3이 그것을 거절한다는 것이다! 슬픈 사실은, 복음을 거절한 사람들 중 대부분은 자신이 거절했다는 사실조차 모른다는 것이다! 그들은 사탄의 거짓말을 듣고 속고 있는 것이다. 그들은 사탄에 의해, 진리가 아닌 것을 믿도록 속임을 당해서 결국 복음을 거부하게 된 것이다! 따라서 복음을 듣고도 거절한 75%와, 진리를 아예 들으려고 하지 않는 이들을 합친다면 현존하는 사람의 97.5%가 복음과 상관없는 셈이 되는 것이다!

이 사실을 깊이 생각해보니, 나는 주님이 왜 라오디게아 교회에 구역질을 느끼셨는지 이해할 수가 있었다. 또한 마태복음 7:22-23에 많은 사람들이 심판날에 주님 보좌 앞에 서서, "주여, 주여, 우리가 주의 이름으로 선지자 노릇하며, 주의 이름으로 귀신을 쫓아내며, 주의 이름으로 많은 권능을 행치 아니하였나이까" 라고 말하였을 때, 주님은 "내가 너희를 도무지 알지 못하니, 불법을 행하는 자들아 내게서 떠나가라" 하신 것을 이해할 수 있게 되었다.

성경에서 때때로 주님께서 아주 중요한 진리를 밝히려 하실 때, 그는 "누구든지 귀 있는 자는 들을찌어다" 라고 말씀하신다. 하나님의 거룩한 말씀을 읽다가 이 구절을 발견하게 되면, 그 뒤에 오는 말씀을 아주 조심스럽게 해석하기를 바란다. 여기에는 하나님의 깊은 비밀이 숨겨져 있기 때문이다. 이러한 구절은 주님의 말씀에 중요한 통찰력을 주며, 마치 학생들에게 강의를 하다가, 특별한 내용을 얘기 할 때 선생님이 목소리를 높이는 것과 같은 이치이다.

내가 전하고 있는 이 메시지의 내용이 얼마나 중요한지 나는 강조하거니와 당신이 들을 수 있는 영적 귀가 정말 있다면, 제발, 들으라! 내가 오늘날의 교회에 대해 하는 말을 들으라. 주님이 직접 현대 교회가 라오디게아 교회 (요한계시록 3:14-22)와 같다고 하셨다. 교회는 자신들이 건강하며 부족한 것이 없다고 생각하나, 실상 그들은 비참하고 가련하며, 가난하고 벌거벗은 것이다! 내게 하나님이 하신 말씀을 들으라! 자신은 잘 하고 있다고 생각하는 사람들 중 많은 이들이, 영원한 지옥에 떨어질 형벌의 문턱에 서있다!! 너무 많은 이들이 입으로만 하나님을 안다고 말하나 실제로는 눈이 멀어 있다! 마귀는 그들을 너무 완벽히 속였기 때문에, 그들은 무신론자와 다름이 없다! 이 입술로 다른 사람들을 속일지언정, 주님을 속일 수는 없다. 그들의 마음이 세상으로 향하고 있는 한 그들은 영원한 형벌의 위기에 처해 있다. 성경이 우리에게 밝히는 것은, 사람의 마음이 있는 곳에 그의 보물도 있다는 것이다. 마음이 세상에 남아있는 자는 영혼을 보물로 간직할 수 없다. 이제 나는 저 세상의 목소리로 당신에게 부르짖고 싶다. "아, 귀가 있는 자여, 제발 들으라!"

10장
충격적 각성 (The Rude Awakening)

50명의 성도들이 모두 삼층 천에 들어서자 나도 들어가려 했지만, 나의 수호 천사가 다시 가로막았다. 그는 내가 들어가면 다시는 나올 수 없고, 하나님이 되돌려 보내주실 때까지 그곳에 있어야 한다고 말해 주었다. 삼층 천에 들어간 사람들은 예수님이 그들을 데리고 재림할 때까지 거기서 나올 수 없다고 하였다. 이것은 참으로 황홀한 뉴스가 아닐 수 없다. 성경에 나와 있듯이, 언젠가는 주께서 성도들과 함께 재림하실 것이라는 사실을 천국 문 앞에서 기다리고 있을 때 천사들이 확증해 주었다. 여러분, 이것은 당신에게 큰 기쁨이 될 것이다. 더 이상 의심의 여지가 없는 분명한 사실이다. 주님은 반드시 재림하신다!

천국에 남을 것이 아니라면 들어갈 수 없다는 말을 듣고 나는 바로 항의했다. "내가 나올 수 없다면 나의 몸은 죽습니다! 그러면 들어가는 목적 자체를 잃게 되는 것입니다!" 아직까지도 내 육체의 생명이 내게 제일 중요했던 것이다. 동행 천사는 나에게 문 옆에 서서 사정을 설명하라고 충고하였다. 하나님이 요청을 듣고 응답하실 것이라고 하였다.

천국문 입구 앞에 서자, 기쁨, 행복, 만족감이 천국에서 흘러나왔다. 나는 그곳의 따뜻함을 느낄 수 있었고, 나의 사정을 아뢰려고 섰을 때 하나님의 엄청난 능력을 느낄 수 있었다. 그 어떠한 존재라도 - 나처럼 천국의 입구를 사이에 두고 있다 하더라도 - 그 분 앞에 서서 그 엄청난 힘과 능력과 위엄을 느끼지 않을 수 없을 것이다. 처음에 나는 두려움을 느꼈다. 그것은 무엇인가 남에게 폐를 끼치는 것 같을 때마다 내가 느끼는 죄책감 같은 것이었다. 마음의 눈으로 바라 볼 때, 일에 바쁘신 하나님, 나 때문에 귀찮아 하실 하나님을 그려 볼 수 있었다. 그런데 이 느낌은 들자마자 곧 사라져 버렸다. 그리고 내가 오랫동안 하나님께 충성해 왔다는 믿음에 힘과 용기가 생겼다. 나는 내 청원은 별로 어렵지 않은 것이라고 확신했다! 대담하게도 나는 하나님의 보좌 앞에 서서, 먼저 하나님께 내가 얼마나 사랑과 경배와 희생의 위대한 삶을 살았는지 내가 한 일을 모두 말씀드렸다. 어린 나이에 주를 영접했으며, 평생 동안 주를 섬겨 왔다는 사실을 아뢰었다. 지금 내가 위험에 처해 있는데, 오로지 하나님만이 나의 인생을 연장시켜 주실 수 있다고 말씀드렸다. 하나님은 내가 이야기할 동안 아무 말씀이 없으셨다. 나의 청원이 끝났을 때, 나는 드디어 하나님의 진짜 목소리를 들을 수 있었다.

내가 들은 목소리는 죽음의 골짜기에서 사탄이 나를 속이려던 달콤한 목소리와는 매우 달랐다. 이 세상의 모든 폭풍, 화산, 토네이도, 그리고 허리케인의 소리를 모두 합친다고 해도 내가 들은 목소리를 흉내낼 수 없을 것이다. 그 분의 목소리는 아까 얘기한 달콤한 목소리와는 조금도 닮지 않았다. 하나님의 음성은, 그의 말씀이 나에게 닿기 전에 벌써 천국 문 위에서 나에게로 내려왔다. 진노의 음성이 내 얼굴을 때렸고, 하나님은 내가 어떤 삶을 살았는지 보여 주셨다. 하나님은 나와 나처럼 행하는 자들을 어떻게 생각하고 계신지 말씀 하셨다. 나의 믿음은 죽은 믿음이고, 나의 일은 하나님이 받으실 수 없는 것들이며 나는 결국 헛된 일을 해왔다고 지적하셨다. 그런 삶을 살면서 그 삶을 경배의 삶이라고 치부하는 것은 가증스러운 일이라고 하셨다. 더욱이, 그렇게 사는 자들은 그 분의 영원한 진노를 받게 될 위기에 처해 있다고 하셨다. 하나님은 그의 진노를 내게 나타내셨지만 그것은 영원한 노여움은 아니었다. 하나님은 영원한 진노를 경험할 자들이 있을 것이라고 힘주어 말씀하셨다.

주님이 나에게 이런 식으로 말씀하신 것을 나는 믿을 수가 없었다! 나는 오랜 세월동안 그 분을 섬겼다! 나는 하나님을 기쁘시게 하는 삶을 살았다고 생각했다! 그 분이 나의 잘못을 나열하고 계실 때, 나는 하나님이 나를 다른 사람으로 착각하신 것이라고 확신했다. 나는 반박할 힘은 물론 움직일 힘조차 남아있지 않았지만, 속으로는 공포에 사로잡혀 있었다. 하나님의 말씀은 나를 두고 한 것이 아니다! 믿을 수가 없다! 지난 세월, 주를 위해 한 일이 얼마나 많은데! 그런데 지금, 그 일들은 모두 나 자신을 위한 일이었다는 것이다. 내가 예수 그리스도의 구원의 은혜에 대해 설교하고 증언할 때에도, 나는 오로지 나의 양심을 달래려는 것이었다고 하나님이 말씀하셨다. 쉽게 말해, 나의 첫 사랑과 첫 일은 모두 나 자신을 향한 것이었다. 나의 필요와 욕구가 충족된 이후에만, 나는 양심을 달래기 위해 주님의 일을 하려고 나선 것이다. 그러므로 나의 우선순위는 잘못되어 있고 용납될 수 없었다. 사실은, 내가 나의 하나님이 되어버렸던 것이다.

하나님은 가르침에서 분명히 자신이 질투의 하나님이며, 그의 앞에 다른 신을 용납하지 않는다고 하셨다 - 육신, 돈, 피, 그 어떤 것도. 자신 앞에 그 어떤 신도 용납하지 않으신다. 하나님은 바리새인 시대에도 그런 숭배를 용납하지 않았고, 지금의 라오디게아 교회 시대에도 용납하실 수 없다는 것이다.

하나님은 말과 행동으로 보여줄 수 있는, 가장 단순한 방법으로 그것을 알려주셨다. 우리의 행위가 받아들여지기 위해서는, 마태복음 6:33에 주님이 강조하신 계명대로 해야 한다. "너희는 먼저 그의 나라와 그의 의를 구하라. 그리하면 이 모든 것을 너희에게 더하시리라." 하나님이 나의 행위의 동기에 대해 말씀하시자, 마태복음 16:24-26과 누가복음 14:26-33에 나와 있는 말씀이 드디어 이해가 되었다. 마태복음 16장에서는 다음과 같이 말씀하고 있다. "이에 예수께서 제자들에게 이르시되 아무든지 나를 따라 오려거든 자기를 부인하고 자기 십자가를 들고 나를 좇을 것이니라. 누구든지 제 목숨을 구원코자 하면 잃을 것이요, 누구든지 나를 위하여 제 목숨을 잃으면 찾으리라." 누가복음 14장 26-28은 이렇게 말씀하고 있다. "무릇 내게 오는 자가 자기 부모와 처자와 형제와 자매와 및 자기 목숨까지 미워하지 아니하면, 능히 나의 제자가 되지 못하고, 누구든지 자기 십자가를 지고 나를 좇지 않는 자도 능히 나의 제자가 되지 못하리라. 너희 중에 누가 망대를 세우고자 할진대, 자기의 가진 것이 준공하기까지에 족할는지 먼저 앉아 그 비용을 예산하지 않겠느냐." 같은 장의 33절에 예수님은 앞의 두 말씀의 모퉁이 돌이 되는 말씀을 하셨다. "이와 같이 너희 중에 누구든지 자기의 모든 소유를 버리지 아니하면 능히 내 제자가 되지 못하리라."

이렇게 하나님 앞에 서서 야단을 맞고서야 그 성경 두 부분의 진정한 의미가 수정처럼 명백해졌다. 하나님이 나의 진정한 동기에 대해 말씀해주시자, 나는 내가 한 모든 일이 정말 죽은 일이었음을 처음으로 알 수 있었다. 하나님이 나에게 진노를 보이고 계셨기 때문에, 나는 대답은 커녕 서 있을 수 조차 없었다. 나의 온몸에 힘이 빠져 나가고 젖은 걸레처럼 쓰러져서 고통에 몸부림쳤다. 정말 그것이 하나님의 영원한 진노가 아닌 일시적인 진노이기에 다행이었지만, 그때 나는 그것이 일시적이라는 것을 알지는 못했다.

분명한 것은, 하나님이 나에게 야단을 치시면서 단 한번도 내가 구원을 받지 못했다거나 죽임을 당한 어린 양의 생명책에 내 이름이 없다고는 말하지 않으셨다. 하나님은 구원이란 말은 아예 꺼내지도 않으시고, 오로지 내 인생에서 한 행위에 대해서만 언급 하셨다. 그 분은 나의 삶이 진정한 그리스도인으로서 인정받을 수 없는 삶이라고 하셨다. 그 분은 나에게 죽은 행위에 대해서 언급하시며, 어떤 이들은 구원받지 못했으면서 구원받은 것으로 생각하고 있다고 하셨다. 그들은 영원한 진노를 경험할 것이다. 또한 심판 날에 나와 같은 상황에 처해질 하나님의 자녀들이 더 있다는 것도 확실히 하셨다. 그러므로 이제 고린도전서 3:15에 나와 있는 말씀 또한 명확해졌다. "누구든지 공력이 불타면 해를 받으리니, 그러나 자기는 구원을 얻되 불 가운데서 얻은 것 같으리라."

처음 내가 삼층 천에 들어가려 했을 때, 천사는 나를 막았었다. 그때 그는 내가 들어갈 수 없다고 말하지는 않았다. 단지 내가 들어가면 다시는 나올 수 없다고 하였고, 하나님이 성도들과 함께 다시 오실 때까지 그곳에 있어야 한다고 말하였다. 이때 나의 선택은 천국에 들어가는 것보다 육체의 생명을 돌려 받는 쪽이었다. 나는 그때 그런 선택을 했다는 사실을 알아채지 못했다. 나는 하나님의 뜻대로 살았다고 생각했기 때문에, 아직 못다 한 주의 일에 대한 미련 때문이 아니라, 오로지 이기적인 동기 때문에 그런 선택을 한 것이다.

나의 소위 봉사의 삶에 대해 하나님은 진노하셨고, 그 진노를 경험하는 나의 고통은 말로 설명할 수 없는 것이었다. 그 고통은 상상의 범위를 넘어섰고, 내가 느낀 후회는 마치 육체적인 무게가 나를 짓누르는 듯한, 또는 거대한 암석에 깔리는 듯한 짐으로 내 위에 얹혀졌다. 점점 약해지면서도 나의 생각은 내 인생의 사건 하나씩을 상기시키시는 하나님의 말씀을 알아듣기 위해 필사적으로 그 말씀을 따라가고 있었다. 하나님은 잘못을 용납하실 수가 없고, 우리의 마음속에 있는 잘못도 그렇다.

나는 너무도 놀랐고 그 충격에 정신을 차릴 수가 없었다. 마치 벼락에 맞은 듯이 힘이 바로 빠져버렸다. 하나님께서 말씀을 그치시고 내게 항의할 기회를 주셨다고 해도, 나는 한마디도 하지 못했을 것이다. 나는 어떠한 말을 하거나 생각을 떠올릴 만한 힘이 전혀 없었다. 내 마음 속에서는 계속하여 나의 삶의 잘못을 부인하면서도, 나는 내가 그 일들을 저지른 것은 사실이라고 인정할 수밖에 없었다. 나의 양심은 잠자고 있었지만, 마음은 잠들지 않았던 것이다.

천천히 모든 것이 이해되었다. 분명 성경은 다른 어떤 우상도 우리 앞에 두어서는 안된다고 하신다. 나는 가장 위대한 하나님이 내 삶의 유일한 하나님인 줄 생각했지만, 성경에 있는 그대로 하나님과 우리 사이에 그 어떤 것이라도 끼어든다면, 그것이 우리의 우상이 된다는 경고를 나는 소홀히 여기고 있었던 것이다. 나는 매일 매일 나 자신에게 헌신하고 있었던 것이다. 나는 나의 필요를 먼저 채운 다음에야, 하나님이 원하시는 것에 신경을 썼다. 나는 나 자신의 '하나님'이었기 때문에 교회를 위한 돈, 가난한 이들을 위한 돈, 그리고 다른 모든 것들은 부차적인 것이었다. 사탄은 당연히 이런 상태의 나로 남게 해주었는데, 이런 상태로는 하나님과 하나님의 나라에 전혀 도움이 되지 않기 때문이었다.

나는 주님의 일에는 무관심했기 때문에 이런 일이 일어나도록 방치해둔 것이다. 변화를 갖기에는 너무나 불편했고, 결국 진짜로 아무것도 하지 않더라도 (예를 들어 주님의 명령대로, 매일 내 자신을 부인하고 내 십자가를 지고 주님을 좇는 것) 이대로 괜찮을 거라고 생각했던 것이다. 이러한 이유로 내 인생은 헛된 삶이었고 주님의 눈에는 결국 아무것도 아닌 것이다.

  지금 내가 하는 말을 독자들이 꼭 이해하기를 바란다. 이 단원의 핵심이기 때문이다. 우리는 그리스도인임을 증명하기 위해서 먼저 우리의 행동 하나하나에 담긴 동기를 살펴보아야 하고, 그 다음에 회개와 헌신을 통하여 날마다 주님을 따라가야 하는 것이다. 우리가 주님을 최우선적으로 섬기기로 결심했을 때, 이 결심이 행동으로 나타나야 하며, 그렇지 않으면 결심을 아예 하지 않은 것과 마찬가지로 쓸모없는 것이다.

11장
나의 참 아버지 (My Real Father)

하나님의 말씀이 끝나자 인터뷰는 수도꼭지를 틀어 버리듯 끝나 버렸다. 나에게는 하나님께서 하신 말씀에 대해 생각할 겨를조차 주어지지 않았다. 마치 아무 힘도 없는 젖은 걸레마냥 되어 버린 나를 천사들은 바로 안고 다른 곳으로 데려 갔으며, 나는 완전히 망가진 채 생각조차 정리할 수 없는 상태였다.

천사들은 나를 두 번째 하늘을 통해 차원의 벽을 넘어 내 몸이 누워있는 병원 방으로 다시 데리고 갔다. 나는 내 몸이 누워있는 침대에 이르러서야 정신을 차리고, "안돼! 안돼!" 라고 외칠 수 있었다. "하나님께서는 응답하시지 않았어! 내 부탁에 대해 된다, 안 된다 말씀이 없었어! 제발, 제발 나를 도로 데려가 줘!" 나는 이렇게 외치며 천사들에게 애원을 했다.

하나님은 질서의 하나님이시고 그 어떠한 것이라도 계획 없이 하시지 않는다. 이 경험은 모두 하나님이 계획하셨기 때문에, 천사들은 다시 데려가 달라는 나의 부탁을 들어주었다. 하나님은 그 크신 사랑으로, 내 눈에서 비늘이 떨어지도록 필요한 경험을 주시면서도, 최대한 너그럽게 대해주신 것이었다.

하나님이 내게 진노를 보이실 때, 나는 그 진노가 몹시 가혹하고 고통스럽다고 생각했었다. 하지만 내가 나중에 배운 것은, 이 고통은 구원받지 못한 영혼들이 후에 그의 영원한 진노를 받을 때 느낄 고통과는 비교도 되지 않는다는 것이다.

삼층 천으로 돌아가면서, 나는 내 청원을 뒷받침할 논리적 토대나 합법적인 근거를 생각해 내려고 무던히 애를 썼다. 하나님께서 이미 내 인생은 실패했다고 말씀하셨으니, 나는 내 지난 삶이 바로 주님을 섬긴 것이라고 주장 할 수가 없었다. 갑자기 히스기야 왕이 생각났다. 하나님이 곧 그의 생명을 거둬갈 것이라는 말씀을 하셨을 때, 그는 통곡하며 기도하였고 하나님은 그 기도를 들어 주셨다. 하나님은 그의 생명을 15년 더 연장해주셨다. 내가 아는 바에 의하면 히스기야는 나처럼 '싹싹하고 마음씨 좋은 남부사람(good old boy)' 타입이었다. 그의 마음속에는 선량한 의도가 있었지만 매일의 삶속에 그것을 제대로 적용시키지 못했던것이다. 그러나 하나님은 히스기야의 마음 속의 의도만을 보시고 그의 부탁을 들어 주셨다고 생각했다. 그래서 나는 이 논리를 내 청원의 토대로 삼기로 하였다.

삼층 천의 입구에 도착하자, 내가 청원을 드렸던 이전 장소에 다시 서게 되었다. 지난번 처럼 담대함은 가지지 못한 채. 나는 하나님의 진노가 나를 어떻게 쓰러뜨렸는지 기억하면서 어찌 되었거나 하나님께 청원을 드렸고, 그래도 하나님은 여전히 아무런 응답이 없으셨다. 그래도 어떤 말이든 듣고 싶어서, 나는 자신 없는 목소리로 다시 한번 청원을 드려보았다.

이번에는 하나님께서 나를 혼내지 않으시고 이야기를 다 들어주셨다. 그 분은 진노 대신에 긍휼이 담긴 음성으로 말씀을 시작하시고, 대화가 끝날 무렵에는 슬픔에 잠긴 음성이셨다.

나는 먼저 성경에 나오는 히스기야에 대한 얘기를 했다. 나는 하나님께 아마도 히스기야가 '싹싹하고 마음씨 좋은 남부 사람' 타입이라고 생각하며, 그의 마음의 의도는 순수했지만, 실제 생활에 그것을 잘 적용하지 못하였다고 말씀 드렸다. 여기서 나는, 이 우주에서 보잘 것 없이 하찮은 존재인 내가, 이렇게 위대하고 장엄하고 만물을 창조하신 하나님과 대화를 시도하고 있다는 사실이야 말로 참으로 경탄할 일이었다. 그 분은 나와 이야기하기 위해 모든것을 잠깐 제쳐두신 것이다. 하나님은 맘만 먹으면 눈 깜짝할 사이에 나를 없애버리거나,

종에게 맡길 수도 있었다. 즉, 나를 직접 대하지 않고도 하실 일이 수없이 많은데 말이다. 그러나 그것들을 다 제쳐놓고 직접 나를 만나 주신 것이다. 상상조차 할 수 있는가? 그 놀라움이여! 주님은 그 크신 사랑과 관심으로 나를 대해주셨고, 나의 요청을 한마디도 빠짐없이 오랫동안 들어주셨다. 주님은 나의 말에 관심을 보이시면서, 이러한 일이 과거에도 반복되었다는 것을 보여주셨다.

하나님은 내가 다른 제안을 드릴 때, 인내와 사랑의 마음으로 들어주셨다. 마치 부모가 오래 참음과 사랑으로 어린 자식을 대하는 것 같았다. 아이가 길에서 놀게 해달라고 떼를 쓸 때, 사랑하는 부모가 그것이 왜 안 되는지 설명하는 것처럼 그의 유일한 관심은 나의 문제 해결과 나를 돕는 것 밖에 없는 것 같았다. 나는 한 번 더 기회를 얻을 수 있도록 변명거리를 필사적으로 찾고 있었지만, 나의 인생은 실패한 인생이었다. 천국에 쌓아둘 만한 일이 하나도 없었고, 나는 설 곳도, 빌 토대로 없었다. 곧 하나님은 의도가 아무리 좋아도 소용없다고 말씀하셨다. "지옥으로 가는 길은 보기좋게, 가기 좋게 닦여져 있다"라는 말은 사실이다. 사탄은 종종 우리가 좋은 의도로써 나쁜 행위를 변명하도록 부추긴다는 것이다.

내가 사용한 어휘 중에는 하나님께서 내 생명을 연장해 주실 근거가 될 만한 말이 틀림없이 있을 것이다. 모든 말씀을 드리고 나자 오직 한 가지, 어휘가 담긴 포대 밑바닥을 헤집으며 전에도 통했던 한 단어를 결국 찾았다 - 약속. "하나님 아버지, 이 부탁을 들어주신다면, 이번에는 정말 잘 하겠습니다."

하나님은 이렇게 내게 대답하셨다. "하워드 피트만, 너는 전에도 그런 약속을 하였다." 그 이상 다른 말씀이 필요 없었다. 거룩하신 하나님께 한 나의 모든 약속이 그 말씀 속에 다 들어 있었다. 제대로 지켜진 것은 단 하나도 없다. 어떻게든 나는 약속을 모두 깼던 것이다. 이젠 더 이상 할 말도, 생각나는 단어도 없고, 숨을 구멍도 없이, 그저 주님 앞에 무릎을 꿇을 수 밖에 없었다. 나는 그 유죄 선고에 "아멘" 할 수 밖에 없었다. 그 순간 하나님께서 나를 지옥으로 던져 버려도, "아멘" 했을 것이다.

아, 거룩하신 주의 이름을 찬양하라! 나는 그 분께 감사하기를 멈추지 않을 것이다! 그 순간 하나님은 의를 요구하지 않고 자비를 보이셨다. 나의 눈에서는 비늘이 떨어졌고, 나의 영혼은 갑자기 빛으로 가득 찼다. 전능하시고, 위엄에 가득 차시며, 만물을 소멸하시는 하나님은 이제 보이지 않았다. 그곳 왕좌에 앉아 계시는 분은 나의 참 아버지셨다. 그 분은 더 이상 먼 곳에 계신 분이 아니라, 나의 진실한 아버지셨다. 하나님이 나의 진정한 아버지이자 가장 친한 친구라는 깨달음이 생전 처음으로 나에게 왔다. 나의 육적인 아버지와 가졌던 사랑의 관계, 우리가 나누었던 놀라운 사랑이, 내 마음에 몇 천 배 큰 크기로 다가온 것이다. 지금 나는 진정한 아버지와 함께 있다. 나를 너무도 사랑하셔서, 자신의 피조물 모두를 옆에 제쳐 놓으시고, 돌아온 탕자인 나를 대하고 계신 것이다.

내 생애 처음으로 나는 하나님이 정말 누구신지 마음의 눈으로 볼 수 있었다. 나는 처음으로 그 분의 진짜 모습, 나의 진정한 아버지이자 나의 가장 친한 친구를 만나게 된 것이다. 그 분이 어떠한 분인지 내 영혼이 깨닫게 되자, 엄청난 고통과 슬픔이 함께 밀려왔다. 나 자신의 불순종으로 아버지의 가슴을 아프게 했다는 깨달음과 슬픔은 죄책감 뿐만 아니라 실제 고통을 가져 왔는데, 마치 육체를 크게 다쳤을 때 느끼는 진짜 고통이었다. 나는 그때 하나님도 아파하신다는 것을 깨달았다. 하나님은 내가 아프기 때문에 아파하고 계셨던 것이다. 하나님은 진실 되고 의로우신 분이기 때문에, 내가 고통을 겪도록 놔둘 수밖에 없고, 그 고통을 없애 줄 수가 없는 것이다. 내가 그 고통을 겪게는 하시지만, 나 혼자 겪도록 내버려 두지 않으시는 것이다. 가장 위대하신 최고의 하나님, 만물의 창조주이신 하나님, 모든 것의 아버지이신 하나님은 내가 혼자 괴로워하도록 놔두지 않으셨다.

당신은 이 일을 상상할 수 있는가? 알파와 오메가, 우주의 존재 근원이 되신 분이, 겨우 지구상의 한 인간의 아픔에 함께 아파하고 계시다는 것을. 아, 그 사랑! 그 마음! 인간이 이해하기에는 너무나 위대한 것이다. 하나님께서는 이렇게 작고 하찮은 인간 하나를 소중히 여기시는 것이다.

이제야 나는 내 육신의 생명은 별로 중요하지 않다는 것을 깨달았다. 이제부터 나의 진짜 관심사는 나의 참된 아버지가 원하는 것이기에, 하나님의 뜻이야 말로 내 인생의 첫째 관심사가 되었고, 더 이상 내 육체의 인생은 중요하지 않게 되었다. 그때 하나님은 내 육체의 생명을 돌려주셨다. 내 생명이 더 이상 내게 의미가 없을 때, 하나님은 그것을 돌려주셨다. 이제 탕자가 돌아 왔으므로 하나님 아버지는 드디어 말씀을 하실 수 있었다. 내가 왜 천국에 오게 되었는지 말씀하시고, 세상 사람들에게 전할 메시지를 내게 당부하셨다.

"Oh Amazing Grace, How Sweet the Sound that Saved a Wretch Like Me, I Once was Lost, But Now I'm Found. Was Blind But Now I See." ("나 같은 죄인 살리신 주 은혜 놀라와. 잃었던 생명 찾았고 광명을 얻었네") 내 눈에서 비늘이 떨어지자, 내가 아파하므로 아파하시는 진정한 아버지의 모습을 보게 된 것이다. 아, 그날 내가 체험한 위대한 사랑이여! 당신이 하나님께 얼마나 소중한 존재인지, 나는 그 어떤 말로도 표현할 수 없다. 그 분이 지구상의 한 사람 한 사람을 얼마만큼 사랑하시는지, 그리고 당신이 주님에게 얼마나 귀중한지를…

세상이 한 개인의 진정한 가치를 알 수만 있다면! 내가 이제 알게 된 사실은, 만약 당신 한 사람만 이 세상에 존재한다 하더라도, 예수님은 당신을 위해 기꺼이 죽으실 것이라는 사실이다. 예수님이 죄인들을 구하기 위해 돌아 가셨다는 말은 들었을 것이고, 그것은 분명한 사실이다. 하지만 그것은 상상할 수 없는 희생이요, 우리에겐 너무나 과분한 사랑이 아닐 수 없다. 구원은 예수님과 당신의 개인적인 관계이며, 한 인격체로서의 당신은 이 세계에서 그분에게 가장 소중한 존재이다.

만약 당신이 그 분을 당신의 진정한 아버지, 참된 친구로 알지 못했다면, 이제 그 분에게로 어서 돌아오라. 단순하며 진지한 짧은 기도로 주님께 당신의 삶을 모두 바치고, 모든 죄를 용서해달라고 간절히 빌어라. 그 분의 뜻에 순종하라. 예수님을 진정으로 찾는다면 당신은 모든 행복과 평강의 근원을 소유하게 될 것이다.

12장
깨어나라! (Wake up!)

하나님께서 내게 주신 메시지는 언제나 성경에 있는 말씀이었다. 그 분은 세상 모두에게 비밀이 되는 일은 한 가지도 말씀하시지 않으셨다. 세상에 전하라고 주신 다섯 가지 사실은 모두 성경에 나와 있다. 마태복음 10장만해도 이 모든 메시지를 담고 있다고 할 수 있다.

이제 하나님이 내게 주신 다섯 가지 사실을 당신에게 알려 주겠다.

첫째: 지금 자신이 그리스도인이라고 믿는 사람들이여, 우리가 지금 살고 있는 것은 라오디게아 교회 시대이다. 소위 그리스도인이라 말하는 이들은 거의 대부분 속으며 살고 있다. 그들은 예수를 이야기하고 교회 생활을 하지만, 그에 합당한 삶을 살지 못한다. 그리스도인이라 주장하면서도 마귀와 같

은 삶을 산다. 그 모든 것이 괜찮다는 사탄의 거짓말에 그대로 속고 있는 것이다. 즉, 사탄은 그들에게 주일에 교회 가는 것은 물론 주중 예배도 괜찮지만, 그 외의 시간은 인생을 즐기면서 어떻게 살아도 괜찮다고 속이는 것이다. 그리스도인으로서의 삶에 관한 한 편안하며 부족한 것이 없어, 그리스도인이라 하더라도 미지근한 자일 뿐이다. 그래서 주님은 그들을 입에서 토해 내치겠다고 하셨다. 성경은 이런 종류의 기독인을 요한계시록 3:14-22에 확실하게 언급하고 있다.

  둘째: 사탄은 인격성을 가진 마귀이다. 당신은 사탄이 신이라는 것을 알고 있는가? 당신은 사탄이 인간을 대할 때 개인적으로 다가간다는 것을 알고 있는가? 예수님이 인격적으로 당신을 대하듯이 사탄 또한 그렇다. 하나님이 영혼들을 찾으시듯이 사탄도 인간의 영혼을 취하고자 애쓴다. 결과적으로 더 많은 숫자를 얻는 쪽은 항상 사탄이었다. 그가 수의 싸움에서 이기는 이유는 속임수와 사기, 거짓말에 능하기 때문이다. 또한 이 싸움을 도와주는, 동일한 기술을 가진 수많은 악령들을 수하에 거느리고 있다. 사탄과 그의 악령들이 가진 가장 큰 무기 중 하나는 대부분의 기독교인들이 제공하고 있다는 점이다. 이 기독인들은 사탄과 악령들이 위협적이라는 것은 물론, 그 존재조차 믿지 않는다. 적이 엄연히 존재하고 있음에도 그것을 모른다면 적에게 대항할 수 없다. 귀 있는 자

여, 들으라. 하나님의 말씀으로 사탄의 공격에 대항할 방법을 배우라.

셋째: 온 세상 사람들이여, 지금은 제 2의 노아 시대이다. 노아의 때에 된 것과 같이, 인자가 오는 때에도 그러할 것이다. 상업, 계획, 건설, 확장 이 모든 것은 노아 시대에도 행해졌는데, 노아가 방주에 들어가는 순간까지 그러했다. 사람들은 노아의 말을 전혀 듣지 않으려 했고, 세상이 변할 것을 믿지 않았다. 그들은 지평선 너머에 몰려오는 먹구름을 보면서도, 비가 임박할 것을 믿지 않았다. 이 시대와 얼마나 비슷한가. 인간은 마지막 날의 모든 징조를 보면서도 세상의 종말을 믿지 않는다. 주님의 임박한 강림을 믿지 않고, 하나님 맞을 준비를 하지 않는다. 반대로 사람들은 심고, 짓고, 사고 팔고, 세상 재물을 모으는데 정신을 쏟고 있는 것이다. 대 재난의 폭풍우를 몰고 오는 먹구름이 지평선 넘어 오는데도, 경고의 말씀을 듣지도 믿지도 않는다. 여전히 믿지 않으려 한다.

넷째: 그리스도인임을 주장하는 자여, 당신은 세상에 파견된 예수님의 대사이다. 대사는 자신의 정부를 항상 대표해야 한다. 일주일에 7일, 하루 24시간 기독교의 믿음 그대로 살지 않는다면 삶에서 진정한 증거와 능력을 가질 수 없다. 참 그리스도인은 믿음대로 살아야 하며, 말만 해서는 안 된다. 입으로는 하나님을 찬양하면서 가슴이 따라주지 못한다면 그것

은 위선이 아닐 수 없다. 말로만 주님을 경배하는 자들을 하나님은 입에서 뱉어 내실 것이다. 예수님을 자신의 구주로 받아들이는 자에게, 그 분은 말만이 아니라 행동을 원하신다. 내가 그를 안다고 공개적으로 선언하는 자는, 정말로 그 분을 알아야 한다. 특별히 기독교의 지도자들은, 그 자리에 주님께로부터 직접 부르심을 받았어야 한다. 그들 자신을 위해서 말이다. 가르침, 설교, 기타 리더쉽의 책임을 받아들인 자는 하나님께 대답해야 할 것이 많다. 지금까지의 메시지의 핵심이 마태복음 6:33에 나와 있다. "너희는 먼저 그의 나라와 그의 의를 구하라. 그리하면 이 모든 것을 너희에게 더하시리라."

다섯째: 이것은 오순절 이후로 최고의 뉴스다! 하나님은 이제 이 세상을 다시 한번 흔들 군대를 모으고 계신다. 주님의 병사들을 통해서, 하나님은 소위 조직 기독교의 기성 체계를 뒤흔들만한 엄청난 기적을 보여주실 것이다. 하나님이 모으시는 병사들은 오순절 때의 제자들보다도 하나님의 능력을 더 확실하게 보여줄 것이다. 엘리야의 기적보다도 더 위대한 기적들도 있을 것이다. 이것은 엄청난 일이다! 이것은 지상 최대의 뉴스이다! 이 군대를 모으기 위한 하나님의 노력은 오랫동안 진행되어 왔다. 어떤 병사들은 상당한 수준의 믿음을 갖게 되었고, 다른 새로운 병사들이 그들 수준의 믿음에 올려 질 때까지 '기다리는' 자리에 있다. 성경에서 주님이 우리의 믿

음의 주요 온전케 하시는 이라고 한 것을 기억하라. 병사들의 믿음을 통해서 하나님은 자신의 능력을 보여주실 것이다. 앞서 언급했듯이, 오랫동안 그 분은 소수의 군병들을 모아왔다. 이제 이 일은 본격적으로 진행될 것이고, 하나님은 성경에 약속하신대로 하나님의 군대를 통해서 엄청난 기적을 보여 주려고 하신다.

이제 부름받은 군사인 당신에게 고한다. 하나님의 부름을 받아, 이미 모집된 병사들에 합쳐질 당신들은 엘리야의 영으로 굳게 세워질 것이며, 그 목적은 다시한번 주님이 오시는 길을 곧게하는 것이다. 주님은 곧 재림하실 것이다! 지금 자고 있는 자여, 이제는 일어날 시간이다! 지금껏 기다리는 자리에 있었던 자들이여, 고개를 들라! 이제 임무를 맡게 될 것이다! 새로 모집된 병사들이여, 권하노니, 성경을 부지런히 공부하고, 삶의 모든 구석에서 하나님의 뜻을 찾으라. 영적 훈련의 시간이 부족하지만, 삶에서 먼저 주님을 구한다면, 당신은 상상할 수 없을 정도의 여러 방법을 통해 쓰임을 받을 것이다.

택함을 받는 자들은 성경에 나오는 늦은 비(잠자는 영혼들을 깨우는)의 용사들이다. 이 부르심은 선지자 요엘(Joel)이 말한 대 부흥(the great revival)의 끝을 위한 것이다. 시작은 오순절이었다. 이 대 부흥의 끝이 늦은 비의 시작이니, 당신은 전문적 군사 훈련으로 영적전쟁을 준비해야 한다.

이것 또한 알라. 이 기드온의 군대에 적합하지 못한 자들을 '추려내는' 시간이 있을 것이다. 성경에 나온 '기드온'의 삼백 용사처럼, 아주 특정한 소수만이 마지막 때의 전투에서 주님의 군사로 쓰여질 것이다.

13장
믿음 (Faith)

모든 과정이 끝나고 하나님의 메시지가 나에게 확실해졌을 때, 하나님은 세상에 나가 나의 경험과 그의 메시지를 전하라고 명하셨다. 성령께서는 이 메시지를 전하는 일은 3년으로 한정된다고 알려주셨다. 3년 후에는 어떤 일이 있을지, 그 3년도 모두 사용할 수 있을지 조차 듣지 못했다. 그 임무는 1980년 5월 7일에 시작되었다.

내가 해야 할 일이 분명해지자, 하나님의 명하신 일을 내가 할 수 없을지도 모를 어떤 제약조건을 설정해 놓으셨다는 것을 알게 되었다. 동료나 추종자를 모으지 말라고 하신 것이다. 주님께서 직접 나의 필요를 채워 주시고, 필요한 모든 도움으로 인도해 주실 거라고 하셨다. 주님은 그때 내게 생명을 돌려 주시며 치료되었다고 하셨다. 하나님은 나의 이름을 부르시면서, "하워드 피트만, 너의 믿음대로 될지어다" 라고 선언하셨다.

이 말씀으로 인터뷰는 끝이 났다. 천사들은 그들의 손을 내게 얹었고, 내가 다시 눈을 떴을때는 병원 환자실의 나의 몸 속이었다. 내가 처음 본 사람은 나의 발끝에 서 있는 의사 선생님이었다. 내가 눈을 뜨자, 그의 얼굴에는 엷은 미소가 일렁이면서, 간호사를 향하여 "이리 와서 기적의 사나이를 봐!" 라고 소리쳤다. 나는 천국 여행에 대해 이야기하려 했으나, 그는 듣지 않으려 했다. 비록 그가 나의 경험에 대한 이야기를 거절했지만, 그는 분명히 그의 입으로 기적이 일어났다고 고백했다!

하나님께서 보여주신 엄청난 계시의 사건을 회상해보면, 내가 기억해서는 안되는 부분에 대한 궁금증이 일어나지만, 왜 그럴 수 밖에 없었는지 나는 분명히 이해한다. 나는 하나님 앞에 서서 직접 그 분과 이야기를 하고 이 메시지를 받았지만, 계속 믿음의 길을 가야하는 것이다. 거의 매일 나의 믿음은 시험을 받아 왔다.

첫째 시험은 하나님이 내게 허락하신 치유였다. 그 분은 나의 파열된 동맥만을 고쳐 주신 것이 아니라, 다른 난치병도 고쳐주셨다. 이 병은 파열된 동맥과 그 후의 기적하고는 아무 상관 없지만, 내가 20년 동안 겪어야 했던 골치 아픈 질병이었다. 이 병을 의사들은 수면 무호흡증(sleep apnea)이라고 부른다. 이 질병은 잠을 자고 있을 때 자동호흡기능을 멈추게 한다. 이러한 호흡 마비 현상이 올 때마다 나는 숨을 쉴 수 없는 상태로 잠에서 갑자기 깨곤 했다. 일어서서 뭔가를 만져야만 다시 숨을 쉴 수 있었다. 그것은 매우 무서운 경험이었지만, 잠을 잘 때만 일어나는 일이었다. 4명의 의사에게 20년 동안 치료받아 왔지만, 나는 이 병의 원인도 모르고 치료법도 없다고만 들어왔다. 그들의 치료라는게 고작해야 식사조절과 잠버릇에 대한 조언뿐이었다. 몇몇의 경우에 의사들은 새로운 치료법을 실험적으로 시도하였으나, 다 같은 결과뿐이었다. 나아질 방법도 치료법도 없다는 것이다.

수면 무호흡증이 마지막으로 발병한 것은 기적이 있기 약 일주일 전이었다. 자정쯤에 나는 숨을 쉬지 못한 채 깜짝 놀라 잠에서 깨어버렸고, 일어나 앉아 아내의 손을 붙잡았지만 그래도 숨을 쉴 수 없었다. 침대에서 뛰쳐나와 화장실까지 갈 수 있었지만, 컵에다 물을 받고 나서는 바닥에 주저앉아 버렸다. 물이 입술에 닿자 다시 숨을 쉴 수 있었다. 당연히 나는 그 날 밤 다시 잠을 이룰 수는 없었고, 아침이 되자마자 바로 의사를 찾아갔다. 의사는 내가 자신의 권고를 심각하게 받아들이지 않는다고 생각하는지 나에게 짜증을 냈다. "피트만 씨, 당신은 이 질병이 얼마나 심각한지 깨닫지 못하는 것 같습니다." 나는 선생님의 조언을 귀 담아 듣고 있으며, 또한 이 문제가 얼마나 심각한지 알고 있다고 대답하였다. 그는 나의 숨이 다시 멎으면 소생시킬 수 있는 방법을 배우도록 내 아내에게 권했다. 그것은 인공호흡법이었다.

  내가 하나님께 간구하였을 때는 파열된 동맥만을 고쳐주시기를 원하는 마음이었지만, 하나님께서 내가 치료되었음을 말씀하셨을 때는 두 가지 병 모두를 두고 하신 말씀이었다. 하나님은 두 질병을 모두 고쳐 주셨는데, 각기 다른 방법으로 하셨다. 수면 무호흡증세는 즉각 고쳐 주셨다. 이런 순식간의 치료는 이른바 기적의 치료이다. 파열된 동맥은 일정한 기간을 거쳐서 단계적으로 고쳐 주셨다. 하나님께서는 나에게 치료되었다고 말씀하셨지만, 퇴원 후 3개월 동안 치료되었다는 느낌을 받지 못했다. 어떤 때는 고통이 너무 커서 견딜 수 없을 것 같기도 하였다. 아내는 나에게 병원에 다시 가자고 간청했지만, 나는 그럴 수 없었다. 하나님은 나에게 치료되었다고 말씀하셨기 때문에 주님을 믿어야만 했다. 만약 하나님이 내가 치료되었다고 말씀하시지 않았다면 나는 병원으로 돌아갔을 것이지만, 나는 아무리 고통스러워도 하나님을 끝까지 믿어야 했다. 하나님은 두 가지 심각한 질병을 각기 다른 방법으로 고쳐 주신 것이었다. 치료법은 모두 주님의 선택사항이었지만, 두 가지 방법 모두 내 믿음이 동반되어야만 했었다.

믿음의 시험이 필요했던 이유는, 믿음에는 종류가 여러 가지라는 것을 실제 경험을 통하여 배워야 했기 때문이다. 성경에는 네 가지 믿음에 대해 나와 있다 - 일시적인 믿음, 죽은 믿음, 지적인 믿음, 그리고 구원에 이르는 진짜 믿음이다. 하나님과 동행하며 세상에 메시지를 전하는 것은 모두 믿음으로만 가능하기 때문에, 내가 진짜 믿음이 무엇인지 깨닫는 것은 매우 중요했다. 잘못된 믿음으로 주님과 동행하려 했다면 엄청난 재난을 불러들였을 것이다. 그 차이점을 알기 위해서 성경에 나오는 예를 들어 보겠다.

첫째 예는 일시적인 믿음이다. 누가 복음 8:13에는 "돌 위에 있다는 것은, 말씀을 들을 때에 기쁨으로 받으나, 뿌리가 없어 잠간 믿다가, 시험을 받을 때에 배반하는 자요" 라고 한다. 여기서 분명히 '잠시 동안' 믿다가 '떨어져 나가는 자들' 이라 하였다. 이것이 바로 일시적인 믿음이다. 나의 믿음이 일시적이었다면 하나님께서 말씀하신 치유를 결코 받지 못했을 것이다. 하나님이 주신 수면 무호흡증의 치료 또한 일시적이었을 것이다.

둘째 예는 지적인 믿음이다. 야고보서 2:19에는 "네가 하나님이 한 분이신 줄을 믿느냐. 잘 하는도다. 귀신들도 믿고 떠느니라" 라고 나와 있다. 악령들도 하나님을 인정하는데, 입으로만 하나님이 계신다고 하는 것은 부족하다. 나는 하루 종일 내가 치료 받았다고 말하면서도, 의사에게 가서 확인 받고자 했다면, 이것은 지적인 믿음밖에 안될 것이다. 입으로는 하나님을 안다 하면서 마음으로는 믿지 못한다는 증거다.

셋째는 죽은 믿음이다. 야고보서 2:17은 "이와 같이 행함이 없는 믿음은 그 자체가 죽은 믿음이라"고 한다. 하나님이 내가 나았다 하셨을 때, 나는 하나님을 믿었다. 그러므로 나는 고통을 느끼면서도 일을 하러 다녔다. 침대에 누워 "치료되기를 기다리겠다"고 했다면 아직도 나는 낫지 않았을 것이다. 믿음을 행위나 행동으로 옮겨야 산 믿음이 되는 것이다. 하나님이 '나았다' 하셨으면 나는 '실제로 나았다!' 몸의 증세는 그 전처럼 여전했지만, 나는 그 증세가 없는 듯이 매일 생활하였다.

넷째는 구원에 이르는 진짜 믿음이다. 로마서 10:9, 10은, "네가 만일 네 입으로 예수를 주로 시인하며 또 하나님께서 그를 죽은 자 가운데서 살리신 것을 네 마음에 믿으면 구원을 얻으리니, 사람이 마음으로 믿어 의에 이르고 입으로 시인하여 구원에 이르니"라고 말한다. 성경이 마음(heart)에 대해 이야기할 때, 몸 속에서 피를 공급하는 육체의 심장을 이야기하는 것이 아니다. 성경은 당신의 가장 깊숙한 곳에 자리한 본질인 영을 가리키는 것이다. 그러므로 나의 마음, 나의 영, 나의 속 사람이 하나님을 믿고, 그 믿음을 행동으로 옮기는 것이다. 주님께서 말씀하신 것을 내가 믿었기 때문에 사실로 나타났다. 나는 그 믿음을 매일 실천하였고, 매일 되풀이되는 시험도 견뎌냈다. 시험은 하루만 오고 끝나지 않았다. 시험은 이틀만 오고 끝나거나, 3일만 오고 끝나지 않았다. 시험은 하루하루, 일주일 또 일주일, 한달 하고도 또 한달, 또 한달 다시 오곤 했다. 나는 주님의 말씀을 매일 믿으며 살아야 했고, 내 몸도 그것을 믿는 것처럼 생활을 해야 했다.

14장
해석 (Interpretation)

이 책의 첫 부분에서, 기적을 경험하기 7년 전에 내가 꾸었던 일련의 꿈들에 대해 언급을 했었다. 꿈들을 꾸고 나자, 나는 하나님께서 내게 메시지를 주고 계신다는 것을 알 수 있었지만, 무슨 뜻인지는 도무지 알 수 없었다. 나는 혹시 꿈 해석이 가능하지 않을까 하고 사람들에게 나의 꿈 이야기를 했지만, 어느 누구도 하나님의 해석을 받지 못했다. 해석은 7년이 지나, 기적을 경험한 후에나 들을 수 있었다. 기적이 있고 나서도 아홉 달을 더 기다려야 했다.

주님께서는 내 경험을 온 세상에 전하도록 1980년 5월 7일에 출발케 하시고, 꿈에 한번 나타났던 나의 친한 친구인 래리 분(Larry Boone)을 통해서 꿈의 일부를 해석해 주셨다. 하나님께서는 래리를 사용하셔서 New Philadelphian Nondenominational Church(뉴 필라델피아 초교파 교회)를 세우도록 하시고, 내가 메시지를 세상에 전파할 수 있도록 하셨다. 1980년 5월 7일 금요일에 7명이 뉴 필라델피아 교회의 설립 헌장에 서명을 하였다. 하나님은 이 목적을 위해 7명을 미국 곳곳에서 모으셨다. 나의 부탁없이도 나를 돕도록 명하셨다. 어떤 이들은 서로가 1,200마일이나 떨어진 곳에서 온 사람들이었다. 설립 헌장에 서명을 하는 날, 메시지를 전하라는 명령이 현실로 나타나게 되었다. 그 때에 래리가 집으로 찾아와서 하나님이 나의 꿈에 대한 해석을 부분적으로 해주셨다고 말하였다. 나는 녹음해 두었던 카세트 테이프를 꺼내 와서 그를 위해 틀어주었고, 각 테이프를 재생 할 때 래리는 다음과 같이 해석해 주었다.

첫째 꿈: 내가 흔들의자에서 잠을 잤던 것은 참된 교회에 대한 나의 태도와 나의 일을 상징하였다. 나는 내가 편안하다고 여기면서 아무 것도 필요 없다고 생각하였다. 죽어가던 어머니는 내가 무관심해 하는 진정한 교회의 모습이었다. 꿈에 나타난 개는 사탄으로, 내 손을 무는 것은 실제 물리적인 사고가 일어나지 않으면 내가 깨어나지 않을거라는 의미이다. 나를 둘러싼 보이지 않는 방패는 성령의 보호였다. 사탄을 집에서 쫓을 수 있었던 것은 내가 사탄을 이겨낼 것임을 상징하고, 그가 뒷문을 통해 다시 들어오려는 것은, 사탄이 포기하지 않고

나를 파멸시키려 할 것임을 보여주는 것이다. 개의 몸이 문에 부딪쳤을 때 내가 느낀 쇼크는, 사탄이 얼마나 강력하게 공격할 것인지를 상징한다.

둘째 꿈: 내가 오래되고 텅 빈 삼층 집 앞에 서있을 때, 나는 그리스도의 참된 교회를 보고 있었다. 건물은 오래 되었지만 내게는 새로웠다. 삼층이었던 것은 후에 내가 주의 교회에서 삼 년 간 시험적 사역을 하게 될 것을 상징하였다. 건물 안에 가구도 사람도 없는 것은, 오늘날 주님의 교회에 진정한 군사도, 참 소유도 없음을 나타낸다. 벽장 속의 흰 개는 사탄이었으며, 까만 개는 진짜 회중을 상징하였다.

오늘날 사탄은 참된 교회를 짓 누르고 있는데, 이 교회는 세상 사람들 눈에 죽은 존재로 밖에 보이지 않는다. 세상 사람들에게 흰 개는 선해 보이고 까만 개가 악해 보이는데, 실제는 그 반대이다. 내가 하얀 개의 최면적인 눈을 견딜 수 있었던 것은, 하나님께서 내게 사탄을 또 한번 이겨낼 힘을 주셨음을 상징한다. 한동안 사탄은 참된 교회에서 달아났지만, 그가 돌아왔을 때 나의 제일 친한 친구로 변장하고 왔다. 다시 한번 나는 초자연적인 도움을 받아 그를 알아 볼 수 있었고, 그의 진짜 모습을 노출시킬 수 있었다.

하지만 이것만으로는 그를 막을 수 없다. 그는 또 돌아올 것이다. 친구로 위장한 것은, 사탄이 나를 파멸시키고 나의 메시지를 막기 위해 사용할 방법 중의 한 가지를 가리키고 있다. 그는 내가 친구라 믿었던 사람들을 통해서 내게로 또 올 것이다.

셋째 꿈: 이 꿈에서 나는 선교여행을 가고 있다. 내 어깨에 걸친 양식 자루는 하나님이 세상에 전하라고 주신 메시지이다. 집 안의 사람들은 내가 메시지를 전해야 할 하나님의 자녀들이었다. 나를 향한 개의 공격은, 하나님의 메시지를 막기 위해 끊임없이 나를 공격할 사탄을 나타낸다. 하늘에서 온 방송은 이런 전도 여행 중에 일어날 어떤 초자연적인 사건을 암시하고 있다.

래리가 이와같이 세 개의 꿈을 풀이해 준 후, 하나님이 준 것은 여기까지라고 말하였다. 그는 넷째와 다섯째 꿈 해석은 못 받았다고 하였다. 래리가 꿈 해석을 해 줄 동안에 성령께서 확증시켜 주셨으므로, 그 해석이 진실임을 알 수 있었다. 진정으로 하나님께서 그에게 세 가지 꿈의 해석을 주신 것이다.

약 두 달 후, 혼자 방 안에 있을 때 성령께서는 넷째 꿈을 해석해 주셨다. 성령께서, 이 꿈은 내가 외국선교지로 이 메시지를 갖고 갈 것이고, 영국에 있으면서 또 다른 초자연적인 사건이 발생할 것을 말해주는 것이라고 하셨다. 해석은 그것으로 끝이었다. 이 책을 쓰는 지금, 나는 아직까지 다섯째이자 마지막 꿈 해석을 받지 못하였다.

나는 이제 이 모든 꿈들이 하나님께서 내 인생에서 일으킨 기적, 세상에 전하라고 명하신 메시지, 그리고 그 3년 동안 일어날 사건들과 관련된 것임을 안다.

이 모든 것의 핵심은 다음과 같다: 하나님의 참된 자녀들인 그리스도인들이여, 시간은 매우 소중하다. 시간이 너무도 소중한 것은, 곧 변화가 올 것이기 때문이다. 이 단원의 결론으로 나는 당신에게 말한다.

"고개를 들라, 친구여, 당신의 구원이 가까이 왔다!"

15장
미완성 (Incomplete)

하나님께서 말씀을 전하라 명하신 1980년 5월 7일 이후로, 하나님은 The Christian Broadcasting Network(기독교방송국), The Trinity Broadcasting Network(삼위일체방송국), 그리고 The Christian Communications Network(크리스찬 통신 네트워크)를 통해 나에게 수 백만 달러에 해당하는 라디오와 TV 출연 시간을 제공해 주셨다. 이 메시지는 전자 미디어를 통해 온 세상의 무수한 사람들에게 전해졌다. 테이프와 문서선교 사역도 하게 하셨고, 세계 모든 나라의 절반 이상에 이것이 퍼졌다. TV에서는 나를 보거나 말씀을 들을 수 없었던 사람들이 테이프와 문서선교 사역을 통해서 이 메시지를 들을 수 있게 되었다.

내가 당신에게 하려는 말은 바로 이것이다 - 주님께서는 하시겠다고 약속하신 일을 모두 행하셨다. 하나님이 열어주는 문으로 믿음을 갖고 가라고 하셨다. 그 결과 나는 미국과 세계의 여러 교단에 모습을 나타낼 수 있었고, 내가 요청하지 않아도 많은 교회의 문이 열려졌는데, 교회들이 먼저 나를 초청하리라는 말씀 그대로였다.

이 모든 것은 하나님이 약속하신 대로 이루어졌다. 하나님은 내가 직접 메시지를 전할 수 있는 기회를 주셨고, 나는 내게 행하라 하신 것 모두를 지켰고, 하나님도 약속을 어김없이 지켜오셨다.

나는 이제 이 책의 독자인 당신에게 간곡히 말한다. 당신이 지금, 하나님께서 모으는 군대의 일원인지, 죽임을 당한 어린 양의 생명책에 이름이 기록되어 있는지, 거듭나서 구원받을 자인지 확신이 없다면, 나는 당신에게 간청한다. 지금 하는 일을 당장 멈추고, 하나님 앞에 무릎 꿇고 모든 죄의 용서를 빌어라. 다시 태어나라. 하나님께서 하시겠다고 하신 일은 예외 없이 모두 이루어진다. 나의 사역에서도 하시리라 말씀하신 것을 다 이루셨다. 그 분께서는 나의 메시지를 위해 해주실 일을 모두 지키셨으니, 그 누가 이것이 환상이나 꿈이나 나쁜 여행이라고 할 수 있겠는가? 모든 것은 이루어졌다.

친구여, 내가 하려는 말은 이것이다. 처음부터 전하려 했던 나의 의도를 이제 조금 더 간결하게 말하려 한다. 우리는 지금 시간과 시대의 끝에 서있고, 곧 언제라도 모든 것이 순식간에 바뀔 수 있다. 당신과 나에게 시간은 너무나 소중하다. 죽음을 경험한 나는 천국에 가 보았고 다시 한번 기회를 받았다. 지금 당신에게 간청한다. 당신이 죽음과의 약속을 지키게 될 때는, 아마 두 번째 기회가 주어지지 않을 것이다. 바로 오늘도 하나님은 약속하신 것을 모두 행하시고 앞으로도 그럴 것이다. 하나님은 그의 말씀을 지키셨다. 이렇게 말씀을 지켜 오셨으니, 이제 곧 세상이 끝날 것이라는 말씀은 더욱 더 진실이다.

1983년 5월: 나의 사역에 대해 아는 사람들이라면, 하나님이 그 사역을 위해 3년의 시간을 주셨다는 것을 알 것이다. 다만 나는 어떤 설명도 듣지 못하였으므로 3년의 사역이 언제 시작되는지 몰랐다. 그렇지만 주님의 교회(the Church)를 통하여 이 사역을 할 '권위'가 내게 주어진 날이 1980년 5월 7일이기에, 나는 이 날이 사역의 시작일이라고 본다.

내 인생에서 하나님이 기적을 일으키기 7년 전에, 그 분은 일련의 꿈을 주셨다. 꿈을 꿀 당시에 나는 그 것들을 전혀 이해할 수 없었다. 뭔가 중요하다는 것은 알고 있었지만 그 꿈들을 이해할 수 없었다. 나는 4장에서 꿈들에 대해 이야기하였고, 그에 대해 아는 것은 모두 밝혔다.

하나님이 셋째 꿈의 해석을 내게 보내 주실 때, 꿈의 끝 부분에 대해 명확한 이야기를 해 주지 않으셨다. 오로지 하늘에서 온 방송은 초자연적인 일과 관련된다는 것 뿐이었다. 나는 이제 그 꿈의 완벽한 해석을 받았고, 그 꿈은 '3년의 사역기간'과 관련되어 있고, 그 사역 자체가 초자연적인 일과 관련되어 있다.

1983년 1월 18일에 나는 워싱턴 주의 랭글리(Langley)시에 살고 있는 테드와 앤지 샤이어메이어(Ted and Angie Schiermeyer)의 초청을 받아 워싱턴 주의 시애틀을 향하고 있었다. 그들의 부탁은 순복음 실업인회(Full Gospel Businessman's Fellowship)와 지역 교회 몇 군데에서 말씀을 증거해 달라는 것이었다. 산을 넘으면서 나는 셋째 꿈의 첫부분을 갑자기 현실로 보게 되었다. 꿈에서 나는 잘 모르는 지방의 산길을 걷고 있었다. 한쪽에는 눈 덮인 산과 다른 쪽에는 키가 큰 상록수들이 늘어져 있었다. 산을 넘어서자 꿈속의 광경이 바로 산 밑쪽에 보였다. 나는 곧 아내에게 이 책에 기록되어 있는 꿈을 읽어주기를 부탁하였다.

목적지로 향해 가면서, 마치 대단한 일이 일어날 듯 큰 흥분과 함께 내 안에 영혼이 일렁이고 있음을 느꼈다. 우리가 테드와 앤지의 집에 도착하자 셋째 꿈의 두 번째 장면이 실현되었다. 거기 바로 꿈속에 보던 커다란 목장 스타일의 집이 있었다. 이 여행 전에 아내와 나는 워싱턴에 온 적이 없었고 테드와 앤지를 만난 적도 없었지만, 약 십년 전, 나는 사람들로 가득 찬 이 집을 본 것이다. 나는 이 모든 것을 꿈에서 보았다! 이제 필요한 것은 오직 마지막 장면, 즉 하늘에서 내려온 방송

뿐이다. 그러면 꿈이 완성되는 것이다.

우리는 워싱턴에서 10일이나 더 지냈지만 꿈에 관계된 일은 더 이상 일어나지 않았다. 무슨 일일까? 꿈속의 첫 두 장면은 왜 내게 보여진 것 일까? 나는 아직도 정확한 이유를 몰랐다. 뭔가 중요한 일이 있다는 것은 알았지만, 그게 무엇일까?

1983년 3월 12일, 나는 인디아나주의 라파예트(Lafayette)의 순복음 실업인회(Full Gospel Businessman's Fellowship)를 방문하여 집회를 인도했다. 그곳의 모텔에서 새벽 3시쯤 갑작스런 메시지를 받고 깨어났다. 그 메시지는 셋째 꿈의 하늘에서 나온 방송에 대한 완벽한 해석이었다. 나는 다시 잠들기 전 그 해석을 한동안 깊이 생각했는데, 왜냐하면 그 해석이 진짜인지 '영'을 시험해야 했기 때문이다.

1983년 3월 12일 저녁, 내가 설교를 하기 직전에, 그 곳의 부회장 한 분이 나에게 다가와 쪽지를 건네 주었다. 회중의 한 여인이 쪽지를 전해 달라고 부탁했다는 것이다. 그 여인은 전날 밤 꿈에서, 나의 다섯 째 꿈의 해석을 받았다고 하였다. 그 쪽지 내용은 하나님께서 그날 새벽에 내게 준 해석을 확증시켜주는 것이었다.

그날 새벽에 받은 메시지는, "나의 사역은 3년 끝에 일어날 세상을 뒤집을 사건에 대한 예언 사역이다. 그 사건 자체는 초자연적인 것"이라는 것이다.

그렇게 하늘에서 온 방송이 해석되었다. 그 방송 자체는 곧

바로 시작될 세상을 뒤흔들 일을 상징했다. 그 일은 예수 그리스도께서 직접 요한 계시록 3장 16절에 예언하셨다. 그것은 전 세계에 걸친 구토로서, 주님이 소위 말하는 '미지근한' 기독교인들을 입에서 토해내는 일이었다.

꿈속의 아버지는 하나님이었다. 정치적인 쿠테타는 사탄이 소위 교회 지도자들을 통하여, '세계 종교 체제'를 확실히 손아귀에 쥐는 교묘한 방법을 상징했다. 사탄은 이제 교회라 일컫는 것을 손아귀에 쥐고 있다. 그렇기 때문에, 하나님과 하나님의 참된 교회에 속한 자들은, 더욱 더 확고한 입장을 취하며, 주님이 부르신대로 '하나님의 소유된' 사람이 되어야 한다. 그렇지 않으면 그들은 하나님의 것이 아니다!

이제 토해 내치는 일이 시작되고 있지만, 그 기간이 얼마일지는 모른다. 그 후에는 무슨 일이 있을 것인가? 요한 계시록 3장 18절을 자세히 살펴보라. 이 절에서 미래에 무엇이 올지 예언한다. '불로 연단한 금'은 무슨 이야기인가? '흰옷'과 '안약'은 언제나 인간의 보물이었고, 옷은 몸을 덮는 것, 안약은 눈이 볼 수 있게 해준다. 불의 보물 (열정), 흰 옷 (의), 그리고 안약 (영적인 것을 볼 수 있는 믿음), 이 모든 것은 하나님의 진정한 자녀들과 하나님께 순종하는 자들에게만 주어진다. 이 모든 것을 생각하라!!!!

지은이의 덧붙임 (Note from The Author)

    이것은 이 책에 대한 두 번째 보완판이다. 첫 번째 보완은 1983년에 있었다. 오늘, 1999년 1월 9일 토요일에 나는 이 책의 7번째 출판을 위해 준비하고 있다. 첫 출판은 1980년이었다. 이 책이 출판 된지 거의 20년 만에 몇 십 만 부가 지구상을 돌고 돌았다. 여러 언어로 출판되기도 하였다.

    이 내용을 덧붙이면서 두어 가지 고치거나 명확히 하고 싶은 것들이 있다. 영의 세계를 여행하고 있을 때, 내가 본 것 중 많은 부분은 천사들의 설명이 없었다. 내가 설명을 듣지 못한 것 하나는, 이 책 앞부분에 언급된 3년의 사역이다. 어떠한 시험 기간이었지만, 구체적으로 무엇인지 모르겠다. 그것은 요한계시록 3:16에 나와 있는 미지근한 기독교인을 내뱉는 일과 관련이 되어 있다.

    내가 설명을 듣지 못한 것은, 내가 들은 것들을 바탕으로 해석할 수 밖에 없었다.

1983년의 수정판 이후로, 나는 넷째 꿈을 실제로 경험할 수 있었다. 이것은 1987년에 영국을 돌아보고 있을 때 일어났다. 이제 이루어지지 않은 꿈은 다섯째이자 마지막 꿈 뿐이다.

지금까지의 나의 꿈들, 즉 기적이 일어나기 7년 전에 꾼 꿈들은 모두 현실로 나타났다. 영의 세계에서 내게 계시된 것들도 모두 그대로 일어났다. 이 책에서 내가 언급한 하나님의 말씀도 그대로 실현되었다. 따라서 아직 일어나지 않은 것들도 속히 실현될 것이다. 곧 오실 주님의 나라 때까지 하나님께서 당신을 복 주시고 보호해 주시길 바란다. 아멘.